周蓓 主编

『民國專題史』叢書

唐慶增 著

河南人民出版社

國際商業政策史

本書叙述了英、美、法、德、日及中國之商業政策史。最早向國人介紹了世界主要資本主義國家自由貿易政策與保護政策論者的各自理由，并進一步闡述英、美、法、德、日等國國際貿易政策演變史

圖書在版編目(CIP)數據

國際商業政策史 / 唐慶增著. —鄭州 : 河南人民出版社, 2016. 10
(民國專題史叢書 / 周蓓主編)
ISBN 978-7-215-10525-6

Ⅰ. ①國… Ⅱ. ①唐… Ⅲ. ①國際貿易政策-商業史-世界 Ⅳ. ①F741

中國版本圖書館 CIP 數據核字(2016)第 254463 號

河南人民出版社出版發行
(地址:鄭州市經五路 66 號 郵政編碼:450002 電話:65788063)
新華書店經銷 河南新華印刷集團有限公司印刷
開本 710 毫米×1000 毫米 1/16 印張 10.75
字數 85 千字
2016 年 10 月第 1 版 2017 年 1 月第 1 次印刷

定價 : 70.00 圓

出版前言

中國現代學術體系是在晚清西學東漸的大潮中逐步形成的。至民國初建，中央政治權威進一步分散和削弱，加之新文化運動帶給國人思想上的空前解放，新學的啓蒙，新知識分子的産生，民國學術如草長鶯飛，進入一個自由而蓬勃的時代。中國傳統學科乃中國學術之根基與菁華所在，民國學人采用『取今復古，别立新宗』之方法，引入西方的學術觀念，積極改造，使史學、文學等學科向現代學術方向轉型。此外，大力推介西方社會科學的新學科和自然科學，在學習、借鑒乃至移植西方現代學術話語和研究範式的過程中，逐漸建立中國現代學科，使中國的學科門類迅速擴展。一時間，新舊更迭，中西交流，百花齊放，萬壑争流，開創了中國現代學術的源頭。

伴隨知識轉型和研究範式轉換而來的，還有學術著作撰寫方式的創新。中國古代的著作向來以單篇流傳，經後人整理匯編後，方以成册成集的面目出現并持續傳播。直到十九世紀末，東西方的歷史編撰體裁不外乎多卷本的編年體、紀傳體和紀事本末體等，章節體的出現標志着近代西方學術規範的産生和新史學的興起。章節體具有依時間順序，按章節編排；因事立題，分篇綜論；既分門别類，又綜合通貫的特點。以章、節搭建起論述之框架，結構分明，邏輯清晰，較傳統的撰寫體裁容量大、系統性强。它的傳入，使中國現代學術體系從内容到形式被納入了全球化的軌道。民國時期專題史的研究、譯介、編纂、出版恰恰是在這樣的背景下欣欣而發，是學術的實驗場，也是歷史的記録儀。編選『民國專題史』叢書的初衷正是爲了從一個側面展示中國學術從傳統向現代過渡的歷史進程。

專題史是對一個學科歷史的總結，是學科入門的必備和學科研究的基礎，也是對一個時代艱深新鋭問題的解答，是學術研究的高點。民國專題史著作中，既包含通論某一學科全部或一時代（區域、國别）的變化過程的，又囊括對一時代或一問題作特殊研究的，還有少部分是對某一專題的史料進行收集的。原創與翻譯并重，翻譯的底本大多選擇該學科的代表著作或歐美大學普及教本，兼顧權威性和流行性，其中日本學者的論著占據了相當比重。日本與中國同屬東亞儒家文化圈，他們在接納西方學術思想和研究模式時，已作了某種消化與調適，從思維轉換的角度看，更便于中國借鑒和利用，他們的著作因而被時人廣泛引進。

與當代學術研究日趨專業化、專門化、專家化的『窄化』道路迥乎不同的是，中國傳統學術崇尚『學問主通不主專，貴通人不尚專家』的通識型治學門徑，處于過渡轉型期的民國學術在不同程度上保留了這種特徵。民國學術大師諸學科貫通一脉、上千年縱横捭闔之功力自不待冗言，外交家著倫理政治史、文學家著哲學史、化學家著戰争史等亦不乏其人，民國專題史研究呈現出開放、融通、跨界撰述的特點。與此同時必須看到，自晚清以來，中國的命運就在外侮屢犯、内亂頻仍的窘境中跌宕彷徨，民族存亡仿若命懸一綫。這股以創建學科、總結經驗、解决問題爲指歸的專題史出版風潮背後，包裹着民國學人企望以西學爲工具拯民族于衰微的探索精神，及以學術救亡的愛國之心。梁任公曾言：『史學者，學問之最博大而最切要者也，國民之明鏡也，愛國心之源泉也。』這種位卑未敢忘憂國的歷史使命感和國民意識是今人無法漠視和遺忘的。

『民國專題史』叢書收録的範圍包括現代各個學科，不僅限于人文社會科學，學科分類以《民國總書目》的分科爲標準，計有哲學、宗教、社會、政治、法律、軍事、經濟、文化、藝術、教育、語言文字、中國文學、外國文學、中國歷史、西方史、自然科學、醫學、工業、交通共19個學科門類。本叢書分輯整理出版，内不分科，單本發行，方便讀者按需索驥。既可作爲大專院校圖書館、學術研究機構館藏之必備資源，也可滿足個人研讀或興趣之收藏。

與目前市場已有的一些專題史叢書相比，『民國專題史』叢書具有規模大、學科全、選本精、原版影印的特點。本叢書選目首重作者的首創、權威和著作影響力，尤其注重選本的稀見性。所謂稀見，即建國後没有再版，且多數圖書館没有收藏，或即便有收藏，也是歸于非公開的珍本之列予以保存，普通讀者難以借閲。部分圖書雖有電子版，但作爲學術研究的經典原著讀本，紙質版本更利于記憶和研究之用。本叢書精揀版本最早、品相最佳的原版圖書作爲底本，因而還具有很高的版本收藏價值。

『民國專題史』的著作是民國學者對于那個時代諸問題之探究，往往有獨到之處，無論其資料、觀點短長得失如何，要之在中國現代學術史的構建與發展進程中，自有其開宗立論之地位。

國際商業政策史

第一章　國際商業之特點

在昔希臘羅馬時代，歐洲各部，多爲野蠻民族所居，以漁獵資生，間以耕植自給，初無所謂商業也。即至中古時代，歐陸各國間，雖有交易發生，然規模旣狹，又無系統及組織，故仍無所謂商業政策也。推之吾國，則古代運輸之便未啓，交易之事未與國內貿易，尙在萌坼之期，更遑論乎國際貿易及政策也。故國際貿易之發達，無論在東西洋，咸爲近數世紀之事，而各國商業政策之完成，則更屬晚近。

考國際貿易所以不盛於古代者，以其時地廣人稀，雖有工業，亦甚幼稚，人民皆賴農業以生，自耕自織，爲自足之經濟生活，初無賴乎交易。其後各國人口日增，需要日繁，自給之經濟行爲，不足以滿足之，端賴交換以盈其慾，而貿易乃成爲不可少之事。益以工業日盛，分工日精，經濟區域亦日廣，各國至是乃發生密切之相互影響及關係，懋遷有無，以利其事，而國際貿易乃大盛。然一國欲求在貿易中獲得鉅利，必須先有一固定之國家政策，以指導其人民之商業行動，使一致進行，其事乃得順利，故至此時商業政策乃隨以俱起。本書之旨，即在考求各國歷來所持之商業政策，暨其變遷與影響，而觀其得失，以資考鏡焉。

在討論國際商業政策，必先知國際貿易之性質，國際貿易仍爲二國國民個人間之商業往來，其大致與國內個人間通商相類，不過較爲複雜耳。例如甲國之商人，將貨出售於乙國之商人，則甲商有付貨之義務，及接受金錢之權利；而乙商有受貨之權利及付款之義務。此商業關係，雖係國際的，但與國內貿易情形，初無二致。然國際貿易不僅限於二國，益以各國之幣制不同，人民之語言，習慣，風俗，亦多互異，而各國政府，又多方干涉，遂使此項貿易，日趨困難，而其間隨以發生之問題，亦日趨複雜。然細爲歸納，則不外保護政策與自由貿易兩端，今論之如下：

所謂保護政策者，卽一國政府對於其國際貿易，採取保護手段，高科進口稅，以限制外貨之輸入，其用意約有四項：（一）懼外人勢力之侵入，故取閉關政策，限制對外貿易，以減少與他國接觸之機會；（二）藉關稅以增加政府之收入，蓋關稅所得，可爲政府收入之大宗，故對於進口貨恆科以重稅，此項稅額雖由人民擔負，但其性質爲間接的，故人民所感之痛苦較輕，不致引起反動也；（三）一方提高稅率，阻止外貨之輸入，使本國之金錢，不致外流，一方推銷本國貨於他國，以吸收其金銀，增加本國固有之財富，此卽十五世紀左右，英之重商主義派之經濟學家(mercantilists)如孟(Thomas Mun)，潑戴 (William Petty) 諸人所倡之有利貿易均平 (favourable balance of trade) 之說也；（四）保護及培植本國之幼稚工業，蓋一國欲在國際貿易上有所獲利，必須先有繁盛之商業及優美之工業而後可，是以一國當其工商業幼稚時，恐受他國之壓迫，乃提高進口稅率，以抵制外商之競爭，而置本國之工商業於有利地位，此方爲眞正之保護政策 (protective policy) 也。

自由貿易與保護政策，爲相對之名詞，採保護政策之國家，其科進口貨之稅，視出口貨爲重，蓋不僅視關稅爲國家財源之所出，實兼以保護本國工業之滋長，防止外貨之充斥市場也。自由貿易之國家，則對於進出口貨科以劃一之稅率，無畸重畸輕之分，其徵收關稅，純爲國家財政收入着想，無工業上主客利害之見羼雜其間。

保護政策與自由貿易之大致，既如上述，至於其間之短長，則主張者各振振有詞，今分羅兩方之理由於下，而一加研究。

（甲）主張保護政策之理由

主張保護政策者，每謂：（一）此項政策，能養成一種國家主義（nationalism）之精神，使國民團結力益爲鞏固。彼等以爲國際貿易含有大同性質，國人與外人發生商業關係，交往既密，感情自增，對於國人反形疏淡，勢必致於國民精神渙散，國家之獨立性減少；故一國政府，欲求國基鞏固，當採用保護政策，以減少與外人之交往，同時更振興國內貿易，使國人彼此發生密切之商業關係，以團結其精神。（二）維持新興國之特殊利益地位。主此論者以爲在一新興國家中，有不少自然界所賦予之優點，如土地之廣博，礦產之豐富是也。國民如欲享受此種利益，惟有採用保護政策以抵制舊國家商人之競爭。蓋在一歷史較長之國家中，人民之商業經驗既甚豐富，資本亦較充足，而人民之技能尤居勝利之地位，其勢力足以破壞新國家人民所草創之企業，故非竭力抵制外人勢力之侵入不可，保護政策卽係適應此項需要之工具也。（三）足以阻止「賤售倂吞」(dumping)。所謂賤售倂吞者，卽一國之商人將其貨物削本賤售於他國之人民，使盡皆採用之，而置其自產之貨於不顧，行之有時，則其自有之業必盡歸失敗而消滅，然後乃高擡其價，以漁厚利。今有保護關稅，則其價雖低，益以稅款，仍屬高昂，本國貨乃不致無立足地矣。（四）維持一國之工業自足(industrial self-sufficiency)，使各項工業皆得自給，裨於戰爭時，不致因工業方面有所不足而致失敗，歐戰時之德意志，卽一例也。（五）國內貿易勝於國際貿易，因：（甲）不致因戰爭或他種國際間糾葛而牽動，使受影響。（乙）國內交易可省鉅額之運輸費，尤以農產品爲甚。（六）採用保護政策可提高國內工資，使國中之勞働階級處優越之境。現今歐美經濟學家中，深信此說者極多。（七）更有經濟學家，專從本國情形立論，以解釋保護政策之利益者。如德國經濟家，則謂：世界上富饒之新土地，若坎拿大阿根廷(Argentina)等處，地廣人稀，農業甚爲發達，其出產品價值低廉，可以輸送出口；德國爲近利計，固可不顧本國農民生計，任他國農產之輸入，以代本國之高價農產品，而使本國農民失其顧主，而失業或改事他業。然將來坎拿大等處，人口增加後，農業出產品祇足自給，不能輸送出口，彼時德國將感原料與食糧缺乏之苦。故德國不得不採用一種保護關稅，使國中農工在目前先占優勝之地位，而使本國永久無缺乏糧食之虞。

上述之理由凡七，皆爲主張保護政策之經濟學家所津津樂道，即在今日宗此說者仍不在少數，故尚具相當之勢力也。

(乙)主張自由貿易之理由

與保護政策對峙者爲自由貿易，自由貿易之理論，可分兩種：一爲極端之自由貿易論，一爲穩健之自由貿易說。主張極端自由貿易者，以爲國家當根本取消一切入口稅，其意謂斂稅於入口貨，自表面上觀之，固徵之於外商，但實際上使物價增高，消費者乃蒙其損失，尤以窮困階級所受之損失爲大故此種間接稅，不特傷國際感情且有害於本國人民，故一切入口稅，不必問其稅率之高下皆當屏除之也。

此種偏激之主張自非爲我人所取，即在經濟學界中亦並無何等勢力，故可置而勿論。至於穩健之自由貿易論者則視關稅爲政府財源之一，不應用作爲保護實業之用而已，固未嘗主張將所有之入口稅一體廢除也。至彼等所以主張自由貿易及反對保護政策之理由，約有八端，今縷述如下：

（一）政府對於國際貿易採用保護政策，實破壞人類買賣貨物之天然權利。此種天然權利，不當受任何法律之牽制。（二）美國有少數人士謂保護政策違背憲法，故不宜存在。（三）保護政策未必能發展人民之國家觀念，而自由貿易亦未必使人民之國家觀念減少，如最近半世紀中世界國際貿易日盛一日，自由貿易政策亦風靡一時，然各國人民之國家觀念非但不因是而搖動，反日臻強固，於以知保護政策未必定能激起人民之愛國心，而自由貿易政策則於人民之愛國思想實毫無妨礙。（四）比較費用律 (law of comparative costs）。上述種種理由，皆缺乏學術上之根據，其有根據於精密之學理者，則爲比較費用律。主是說者，謂國際貿易造成國際分工，使各國皆致力於本國所擅長及占有天然優勢之工業，而放棄其所不擅長之工業，然後互相交易，以人之長，補己之短，事半而功倍，其利無窮，自由貿易之利，卽在能發展此項局面也。主此論者，更掊擊主張保護政策者之矛盾，謂國家中某項工業設自有其天然利益，則本無再加保護之必要；若云某種工業須加保護者，直已承認該項工業爲不經濟，卽以人工資本發展之，收效殊微，反不如放棄之爲愈也。

（五）繼比較費說而起者，有壟斷（monopoly）論者，亦甚精審。其大意爲任何國家中，有若干較發達之工業，脫離幼稚時代已久，儘足與外商競爭，今因有關稅以保護之，使其在國內獨擅市場，成爲壟斷，彼乃任意增損其產額，高下其價格，使消費者大受其害，美國之情形，正其例也。（六）主張保護關稅者，嘗謂保護政策，於本國勞働階級有益；主自由貿易者，闢其說，以爲政府所課之關稅，乃得之於物品，而物價隨高，貨物亦爲勞工所需，故勞工亦蒙其損失，是以政府欲保障勞働者之利益，必須阻止他國勞工之進口，否則他國之工人源源入境，與本國之勞働者相競爭，工資必大跌，而同時物價因稅高之故，增高無已，處此情形之下，工人生活，必將大感困難矣。（七）其從政治方面攻擊保護政策者，則以爲此種政策實係政治腐敗之根源。蓋國家工業，自有其種種之保障，今乃另求政府保護，勢必有弊端發生。此種情形，尤以在美國爲甚，美國國際貿易專家蹈雪格（Prof. F. W. Taussig）氏，數年前曾一度爲政府服務，處理戰後關稅事宜，退休後每以政客之搗亂爲恨，嘗謂保護政策，足以妨害良善公正政府之設立云。（八）最後吾人如以研究財政學的眼光觀察，則關稅亦祗宜作爲政府財源之一，而不當用爲保護實業之用，蓋若施行財政關稅制，則應科稅之物品較少，對於當局方面手續既簡，費用自省，而弊端亦尠，誠一舉而數得也。

主張自由貿易之理由盡在於是，其首二條涉乎其小，無關宏旨，第三條證明即使不用保護政策，吾人亦可增加人民之國家觀念及扶助本國實業，對於自由貿易之本旨亦無深切之關係，其餘數條在經濟學中較爲重要，尤以第四條爲最著，今之主張自由貿易者，其學說多出自該條也。

國際貿易之眞價値可分二端：（一）可使各國獲得本國所不能生產之物品。（二）勵行國際分工，使各國皆致力於其享有比較利益之生產，以節省資本人工。至於其弊則在於國際商業政策，可變爲一種帝國主義，實業發達之國，可藉以侵略經濟能力薄弱之國家也。要言之，自由貿易與保護政策，各有其利弊，故一國究應何去何從，當以其本國之經濟情形爲衡，切不可盲效他國，致與本國情形扞格不入而致弊害叢生也。

第二章　英吉利之商業政策

第一節　重商主義及亞丹斯密氏之新國際貿易說

吾人對於保護政策及自由貿易政策之內容及其擁護者之理由既已明瞭，然欲知其眞實之短長，必按諸事實而後可。英國之商業，素爲世界各國冠，而所謂「自由貿易」主義者，在英又有莫大之勢力，故先述英國之國際貿易及其商業政策之歷史，再及其他。

英國於十七世紀時，其經濟學者倡「重商主義」(mercantilism)之說，盛行一時，流風所及，影響殊深，此學說之目的在創造一種富強之國家經濟，其導源爲意大利之薩拉(Serra)氏，於一六一三年著「如何可使無礦之國家富有金銀」(A Brief Treatise on the Causes which make Gold and Silver Abundant in Kingdoms where there are no Mines) 一書甚負時譽。英之經濟學者受其影響，潑戴 (William Petty) 繼其後，著有政治算法論文 (Essays on Pobitical Arithmetic) 租稅及捐款之研究 (Treatise on Taxes and Contributions) 等書，詳論金銀二物之重要，旁及統計之原理，租稅制度之改革，本國財源發展之方法等等。其後又有東印度公司經理孟 (Thomas Mun) 氏著英吉利國國外貿易所得寶藏 (English Treasure by Foreign Trade) 一書，詳述國際貿易之重要，列論精審，傳頌一時，重商主義，至是乃大盛。

重商主義之精髓，全在國際貿易，主此論者，對於金銀，至爲重視，以爲乃財富 (wealth) 中最重要之物；一國苟積有多量之金銀者，卽屬富強，否則便爲貧弱。然欲獲得及增加金銀，出之何途而後可，曰得之於國際貿易，是以國際貿易之繁衰，實繫一國之強弱，故當努力振興之，使每年出口貨之總價值，超過進口貨之總價值，然後金銀內流，本國方能獲利，故一國應持之商業政策，在鼓勵本國之對外貿易，增加出口貨，減少進口貨，以獲得厚利，此重商主義之所由名也。

此種學說，因提倡得力信仰者甚衆，然英政府採用此項政策後，弊病百出，爲衆怨所歸，於是羣思改革之。當十八世紀之中葉，法國重農派（physiocrats）之經濟學說，流傳至英，此說力矯重商主義之謬誤，主張放任政策（laissez faire policy），謂政府不應干涉本國之工商業，無論國內及國際貿易二事，皆當聽人民自由爲之。此說出世以後，世人耳目爲之一新，實予重商主義以一大打擊；及一七七六年大經濟學家亞丹斯密（Adam Smith）氏所著之原富（Wealth of Nation）出世，學理精奧，爲經濟學界放一異彩，幾成家弦戶誦之籍，其中亦攻擊重商主義，至是重商主義遂一蹶不振。

原富一書中關於國際商業政策討論甚詳，斯氏主張國際間彼此依賴，互相輔助，足使各國進步，故拒絕外貨之流入，足以妨礙本國經濟之發展；此種新學說，足以減卻不少國際商業間之束縛，但因當時歐洲仍有一部份人信仰重商學說，對於國際貿易，仍採干涉手段，限制極嚴，故斯密氏之學說，一時未得成爲事實。

英國其時又有所謂航海律者，在英國商業史上爲一極著名之事，其律之最早一種，係於一三八一年所通過規定商人必須雇用英國船隻以運輸貨物，意在藉此以振興本國航業，樹海軍之基，但效力甚微，至伊利莎伯時代(Elizabethan Age)英國執政者極思振頓本國海軍，同時圖擴張貿易範圍，於一六五一年及一六六〇年迭通過航海律，以破壞荷蘭國商業。英國貿易及航海，皆藉以振興，而其海軍亦驟形擴張。航海律之內容為：（一）擡高物價及船之運費，使船主及商人得利以推廣其業；（二）規定各殖民地須用英船運貨，使其不能利用外船於貿易上有所壟斷。故航海律之真目的，雖在政治方面，但於經濟方面亦多關係。重商派經濟學家卻而得(Josiah Child)氏曾於一六九〇年著書詳述航海律於英國之有益，謂英國苟與他國發生戰事，則英以航業之久盛，可無缺乏軍艦之虞云云。斯密氏對航海律之並不反對，即以其可抵制他國之壟斷及扶植本國之海軍也。

重商主義者以積聚金銀為國際貿易之唯一能事，然自「信用制度」(credit system)發達後，一切可以信用行之，政府正不必亟亟以積聚現金為事。蓋以斯密氏所倡之「天然自由」(natural liberty)理論盛行後，信仰舊說者乃漸少，即普通人士，對於國際商業政策，已另有一番新解釋，故十九世紀英國所採之保護政策，又與前殊異。要言之，自斯密氏出而個人主義之經濟學說與重商主義日趨衰落，自由貿易說乃乘時崛起以代之矣。

第一節　十九世紀之英國商業政策與穀物律

當十八世紀之末葉，重商主義日趨衰落，自由貿易之說代之而興；英國執政者，亦有減輕國際商業上限制之趨向。一七九〇年在英國與他國所訂之商業條約中，此種趨勢，固甚明顯也。

先是一七一三年，英國當局欲與法國訂立通商條約，但因其時之經營絲羊毛及亞麻布業者，竭力反對，事遂中止。及凡賽爾和約立後（Peace of Versailles 時在一七八三年），兩國仇視之心漸泯，法極願與英在商業上彼此聯絡，而英之執政者畢得（Pitt）亦有訂立英法商約之提議，卒因二國人民懷疑之心未盡消滅，彼此不肯讓步，故久久不決，直至三年後，英國所派代表愛騰（Eden），始在巴黎與法代表議定條約，是爲英法二國釐訂商業條約之始。

此條約主要之約文，爲法國對於英商所運入口之棉及羊毛貨物，減稅至從價值百抽十二；鐵器刀叉等物，亦減稅至從價值百抽十，至於人造絲，則在禁止入口之列。英國方面，對於法國之酒醋油玻璃以及他種人工製造貨物稅率，減低約一半。此條約之結果頗佳，在三年之中，二國貿易增加一倍，私運之弊減少，兩國之感情日佳。

畢得爲人果敢善斷，爲歷史上有數人物，受斯密氏學說之影響，頗思改革本國之租稅制度，以蘇民困，同時更欲廢止入口稅，以達其自由貿易之目的。英國原有茶葉稅率甚高，市價飛漲，循至國中消耗之茶，強半皆由私運而來。一七八四年，畢得減其稅至值百抽一二·五，復整頓徵稅方法，以濬財源，其後併廢各稅而科各物以同一之稅率，事簡費省，人民頗得其利。

一七九三年，英法又困於戰禍，英以軍費支絀，乃增加稅率，以供國用，畢得所擬定之改革財政之計劃，至是乃盡是泡影，而英法商業條約，隨之而廢。此時增加之稅率及新設之稅，頗爲苛重，亘二十餘年始已。同時保護政策復經採用以爲提倡本國工業之用。自一七九三年至一七九八年，稅率逐年有所增加焉。

此戰之結果，於英大不利，其商業因物價之漲跌無常，而呈混沌之象，工界則因工廠之停閉者多而失業者甚衆，且其時農產歉收，全國幾有乏食之虞，英政府乃於商人之自南歐等處運麥入口者每四分之一噸給以二十一先令之津貼，以資鼓勵而增輸入以裕民食。

同時法國又嚴禁英國出產物之入口，英國亦禁止法國之食物及用品入口以爲抵制，兩國甚至干涉及其他各國之船隻，扣留其貨物，因此常與他國發生衝突，在兩國商業上影響極大。（但英國與美國之貿易則在一七九三年至一七九八年之間增加至一倍之多。美貨運銷英國者，以棉花爲大宗，而英貨運銷美國者，則以棉織物爲最多。）一八〇二年，愛門和約成立(Peace of Amiens) 形勢稍佳，但次年戰事又起，二國感情愈惡，雙方皆鈎心鬬角，欲藉商業以制勝敵人，當時法國對於英國各屬地商業上之關係，依然存在，英國思有以斷絕之，而法國則亦欲乘機破壞英國與歐洲大陸諸國商業上之往來。三四年後，法國由拿破崙之命令，英國由機要議會（council）之議決各出全力以破壞彼此商業上之勢力，拿破崙甚至頒令搜集歐陸各國所有之英貨由其軍人付之一炬，至是英法間形勢日趨惡劣，其商業關係雖似全斷，然其間秘密貿易及私運仍比比皆是。此種封鎖政策使兩國國內商業呈紛亂之象，引起工人失業，工資跌落，物價騰貴等問題，而釀成一種經濟危象也。

英國以頻年戰爭，軍政諸費，需款甚急，畢得適長財政，定出籌款方法兩種：（一）借外債；（二）增加直接及間接稅。無論本國及外國所出產之食物原料，製造品等，盡皆科稅，以裕國用。一八一五年，英國會通過一案，意在維持穀價，同時更鼓勵國民努力於農業，多加出產，以增高地租，此案之結果，不啻禁止穀物之入口，其時美國雖於穀物之出產極豐富，欲與英國交易，顧因此案之阻力，無能爲也。又航海律亦阻礙英國對外商業之發展，直至一八二二年，方經修改。

英國此次經濟界之紛擾，其原因至爲複雜，而國際貿易上之失策，自爲其重要原因之一。政府鑑及此點，遂欲改革舊制，以圖恢復原有之貿易量，以維持本國之經濟能力，而反對保護政策之運動，遂於斯勃興。在一八二〇年時，英國關稅已極端趨向於保護方面，不但穀物一端加以重稅，即對於一切製造物品之進口，亦科以高稅以保護。倫敦一部份商人，深覺此種情形之非，陳書政府，要求改良關稅制度。愛丁堡商會 (The Edingburgh Chamber of Commerce) 亦有同樣之請願。當局利物浦爵士 (Lord Liverpool) 答以目前稅制，有關多方面之利益，故改革甚難。國會下院則以人民所要求者，審愼考查。一八二三年至一八二五年國內情形，似稍有起色，貿易部長 (Board of Trade) 赫斯克生 (Heskisson) 擬定一改善商業之方針及實施之步驟，期於四年內實現。其第一步先減卻多數對外貿易上之束縛，再則對影響國際貿易極大之航海律加以修正。

赫氏提議修正原料品之進口稅則，陸續將此項稅率減輕；又主張人工製造品之進口稅，不得超過原值之百分之三十。將羊毛之進口稅每磅自六辨士減爲一辨士，羊毛原爲禁止出口之物，今亦將此禁律取消。照之進口稅，每磅自四辨士改爲一辨士，至昔日禁止進口之人造絲，亦准許其入口，惟須繳納值百抽三十之稅。

赫斯克生對英國之商業方針，多所改革，不但減低一切物品之進口稅率，且將繁複萬端之英國關稅制度，改成極簡單之制度。在赫氏未長貿易部以前，英國議會所通過之關稅律（如入口稅出口稅保管處等等）計有一千五百種之多！後爲赫氏陸續廢止，祇餘十一種，不可謂非一大變遷。一八二七年，利物浦爵士病歿，内閣改組，赫氏亦退職，然其政蹟已昭昭在人耳目，誠可謂英國一非常之人才也。關稅政策改變而後，貿易得以擴張，政府收入亦漸增加，此可以證實「進口稅率低於政府歲入反可增加」一語，非謬論也。

赫氏理財政策雖已大半付諸實行，但於關稅上重要部份，亦有未及修改之處，如雜糧及其他農產品，往昔俱爲禁止入口者，今仍其舊，而糖及木料二物之稅率，亦仍極重，故於人民生計，仍有不佳之影響。一八三〇年英國自由黨 (Whig Party) 當權，愛爾若潑爵士 (Lord Althorpe) 亦以改革英國關稅爲己任，愛氏欲救下等社會之貧困，擬自減輕進口稅率入手，使物價低落，生活較易，故對於英政府之預算表，力主製造品之稅率，須再減輕，此提議未得實行，故無成績可言因其時英國國民。多着眼於政治活動，致愛氏言論未爲世人所注意。

同時有派奈而（H. Parnell）氏著財政改革（Financial Reform）一書，詳論英國國際商業之得失言進口機器之斂稅，在本國工業及出口貿易方面均有損失；而其他稅率過高，亦足以遏止貨物入口釀成私運等不正當之行爲，政府欲防止此種弊病手續固屬繁瑣，所費亦屬不貲也。

派氏之理論與赫斯克生之主張同，以二人皆以斯密氏之學說爲根據也。在一八四一年，批爾（Robert Peel）執政，卽將舊有關稅制度大加革新；一八四○年議院組織一專討論關稅事項之委員會，研究派奈而之提議，普通輿論亦皆以現行之關稅制度爲非，其後二年，批爾製成預算表，其中除於本國國內之所得稅有所改革外，更主張減少當時英國施行之一切進口稅，其主張幾經奮鬭卒成事實，減低進口稅之物品竟達七百五十種之多。

關於穀物之進口稅，批爾先已採用一種「滑動等級」制度（sliding scale），依麥價之升降而定其稅率之高下，故此次減少稅率之各物中，穀物不在其列。餘如航海律及糖酒之入口稅，亦均未更動，其第一步計劃，係先減少一切必需品之進口稅及著成效後再履行第二步計劃，減輕普通人士所贊成之一切進口稅，慮事固至爲精密也。

迨一八四五年，批爾之計劃，第一部已著成效，乃更進一步，將英國之關稅制度，删繁就簡，使更爲單純，乃廢除四百五十種物品之進口稅，其中以原料品爲多，如棉花，絲，麻等是也。至於出口稅，則一律廢除，製造品如棉織物、毛織物、革製物等，其入口稅亦減低多多；至是其計劃已大部成功，其所不及者，後由貿易部長勃勒克斯東（Blackstone）氏完成之。

此外吾人所應研究英國商業政策上一大問題，厥惟穀物律（corn law），此律有極長之歷史，歷史內容複雜，殊饒趣味，其在十九世紀中之興廢，當於下章詳論之，今先略述此律之歷史。

英國穀物之貿易，受政府之干涉，由來已久，其干涉之目的，大致有三：（一）一三六〇年起，但准穀物進口，而嚴禁其私運出口，直至一七九三年始已；（二）自與法國發生戰爭後，英政府於一八一五年，訂有極嚴厲之穀物律，其目的在阻止穀物之進口，藉以鼓勵本國農業，以增加農產品之產額，但屬失敗，因穀物供給量頗多變化，非法律所能規定也；（三）一八四六年，保護政策已告失敗，自由貿易之政策，起而代之，麥之運入輸出，完全自由，祇須納少數之註册費外，並無其他限制。

自十四世紀至十八世紀，英國議院通過關於穀物貿易之法律至多，但皆無成效，故祇得改轍，時廢舊者，更以新者。如一三六〇年所通過之一律，越三四十年後，另訂，准穀物輸運入口，但其起運地，以與英感情較厚之數國爲限，在一四三〇年，則此項權利，又受限制，一四六三年禁止其入口，一五三四年更完全禁止其出口，越二十年，忽又弛禁，其零星節目，更改之處尤多。

迨十八世紀之末，英國經工業革命，經濟情形，猝生大變，工業界發明極多，而棉鐵煤等業，尤有明顯之進步，大不列顛國至是乃儼然爲世界唯一工業國家，而爲棉織物之唯一出口國矣。然至十九世紀初葉，英法發生戰爭，幣價跌落，物價騰貴，直至一八一四年，穀物價格，始行平落，十九世紀中英國所受天災人禍，當以斯時爲最！其最顯著之徵象，則國際貿易之退步是也。

比威廉第四（William IX）逝世，維多利亞皇后繼位，麥爾旁爵士復職，而英國之商業政策，始有一新局面，對於舊律多所更改，穀物律乃經一大變動，而「反穀物律運動」(anti-corn-law movement) 亦經久不弛，直至此律廢除爲止，其詳情當於下節述之。

第三節　穀物律之興廢

英於一八三二年通過一法令，對穀物律頗多增損，實爲其廢除之先聲，先是凡人民集會討論此律者，皆爲政府阻止，但人民反對轉力，一八一九年孟卻斯特（Manchester）之會議，高倡「反對穀物律」與「普及選舉權」之口號，尤引起社會人士之注意。

急進派哲學家休謨（Joseph Hume）在一八二六年曾有取消穀物律之提議，付諸下院討論，其結果竟被否決；在一八三三年，孟卻斯特時報（The Manchester Times）主

筆潑蘭替斯 (Archibald Prentice) 氏提議謂引導民衆取消穀物律，爲英國報紙之天職，各地報紙皆翕然從之其後二年英國農業狀況忽形進步收成甚佳穀價亦跌落民衆不復感切膚之痛故對此問題乃漸形冷淡而反穀物律之運動爰遂告終止。

一八三六年，農商業又歸衰落益以投機事業失敗商業破產貿易量銳減而勞動界中之恐慌尤甚，同時麥價更飛漲不已民生遂日益凋疲，議員克雷 (Clay) 氏提議修改舊有之穀物律以圖挽救，但此案未得通過，一八三七年反穀物律會社 (Anti-Corn-Law Association) 成立於倫敦，會員凡七十四人；一八三八年二月，柯勃登 (Cobden) 勸孟卻斯特商會辦理此事，但無成績可言同時有維理斯 (C. P. Velliers) 在議院建議，請共同解決此問題，議院置之不理。於是人民皆直接向政府呼籲請願，而首相麥爾旁爵士 (Melbourne) 應之曰：「苟非英國人民之大多數欲求修改，則政府對於此律，決不輕易有所更動，」可知當時之議院，實不願爲改革關稅之前驅者，惟於輿論亦不敢完全置之不顧耳。

以前之運動，僅爲濫觴，眞正之反對穀物律之大運動，乃始自一八三八年，是年在巴爾登（Bolton）有勃爾尼博士(Dr. Birnie)及樸爾頓（M. W. Paulton）爲公開演講，頗引起各界人士之注意，九月中孟卻斯特亦有巴林博士（Dr. Bowing）作盛大之演講，巴氏曾游歷世界各國，於國際貿易研究甚深，此次演講聽者凡七十餘人，皆熱心國事之流。其言穀物律無存在之理由凡五：（甲）在法國欲買英衣料者達百萬人，而在英願得法之穀物者，亦有此數，顧以穀物律橫阻其間，遂使此項貿易無由成功；（乙）在匈加利（Hungary）因穀物律之阻力，不能將穀物售於英國以獲得所需之紡織品，其人民乃從事自製其衣服，而英國之紡織業，遂失一良好之市場；（丙）荷蘭依賴他國甚深，該國並無所謂穀物律以保障其農民，然食物並不稀少，生活亦裕，而國外貿易尤屬發達；（丁）普偏的國際貿易，足以阻止戰事之發生；（戊）由商業之和平手段獲得之勝利，遠較以鐵血頭顱換來之戰勝爲光榮。故彼主張以自由貿易代替各項保護政策，自此以後，反穀物律會社（Anti-Corn-Law League）遂勃焉大盛，其社員如湯潑生（P. Thompson）及潑蘭替斯(Prentice）咸爲多次之演講，俱受聽者熱烈之歡迎，其始會員祇七人，於一八三八年九月二十四日，正式集會，每人納五先令以爲會費；及十月中旬，會員已增加至三十八人，其中堅份子爲柯勃登 (Richard Cobden)，勃拉脫 (John Bright) 等，聲勢甚大。十一月該會遂在孟卻斯特總商會開全體大會，討論各項以便於議會中提出，並由柯氏起草宣言：以「撤消所有一切限制穀物入口之法律」爲該會唯一之目標。

此會在英國歷史上居極重大之地位，彼等之性質及所用方法，俱有記錄之價值，會員中亦多碩士，而柯勃登氏尤爲該會之唯一能人，其歷史頗足一述焉。氏以一八〇四年生於英之塞薩克斯 (Sussex)，其父業農，家僅中資。氏初在郁克休城 (Yorksheir) 小學肄業，五年後，即赴倫敦，助其叔經商，迨二十一歲，遂以行商自給，週遊英國各處，其商業經驗從此大進，暇更自行研究經濟學、英國史、法文等學識，因之愈富，益以其所處之地位，又便於考察本國之工商情況，故識見日宏。越數年，柯氏集合同志多人，經營棉業，銳意進取，大獲贏利，遂委其事於友人，己則周遊世界各國，歷法，瑞士，美，埃及等國，見聞日廣，志願日宏，歸後潛心著作，陸續發表其遊英、美等國所得之印象，於各國之政治，經濟，法制，多所批評，議論中肯，傳誦一時，爲後人所景仰。

柯氏胸襟公正，處世和平，眼光宏大，無遠不矚，其於工商界問題，有明切之研究及認識，批評人物，尤極中肯。氏深信欲振興英國之工商業，非從自由貿易以擴張英之國際貿易量入手不爲功，且推行至極，尚可消弭世界戰爭，其思想頗傾向於大同主義，故有人稱之曰：「國際的人物！」然柯氏過於重視國際貿易，以爲可以產生優良之果，對於各國之政治雄圖及各種猜忌傾軋，未免忽視，故所論稍涉空泛，惟其毅力與熱誠，至足爲後人鏡範。

氏於自由貿易極端贊成，其一生活動，卽以貫徹此項目的爲務，與其友勃拉脫（John Bright）二人努力倡導，爲英國自由貿易運動之最出力者。柯氏之言論文章，富有熱情，足以移動人心，其友勃氏嘗云：「柯勃登之文字與語言，極爲明顯，合於邏輯，尤善於推論」，故反穀物律運動之成功，謂全賴於柯氏之宣傳，亦不爲過。

扶助反穀物律會社之最先者，厥爲工業階級，彼時國內工廠相率倒閉，工人大部失業，感及糧食價格過高之痛苦，適此種運動刱始，工人卽起而助之。其後範圍日廣，從者日多，乃成爲大規模之社會運動焉。

同時英國社會上亦有反對此項運動者，卽地主是也。彼等會於倫敦開一聯合會，力主穀物律之不可廢。其理由大致謂政府目前負債甚鉅，惟恃此項穀物稅以資挹注，苟穀物律更改，後勢必牽動英國稅收，使財政益窘；再則穀物律於農人階級有莫大利益，蓋使穀物價格增高，可使彼等除付出租外，可得較多之贏利。故彼等痛詆反穀物律會社中人，謂其係投機牟利之人，煽惑人心云。

一八三九年二月，反穀物律會社派代表多人，以維理斯爲首，赴倫敦向議院請願，但爲議院所嚴拒。後復由菲侈威廉爵士 (Fetzwilliam) 提出修改穀律案，但因反對者過多，以二百二十四票對二十四票，未曾通過。當時議院中除極少數明達之士贊成反穀物律會社之宗旨外，大多數均以爲撤消農業保護，爲絕對不可能之事。

至於社會上反對此會者，亦實繁有徒。其會員在各處演講，每每被人搗亂，不克終其詞；然反穀物律會社中人，並不因之中餒，仍從各方面努力進行，誓非達到目的不止。先於報紙上爲各種之宣傳，繼爲多數之公開演講，同時更向各方醵集款項，鞏固該會之經濟根基，更向農夫爲各種之特殊宣傳多方證明穀物律對於彼等毫無利益以喚起其好感，而使共鳴焉。

反穀物律會社之主要言論機關，有報紙一種，名曰「反穀物律報」(Anti-Corn-Law Circular) 銷行甚廣。柯勃登又以在孟卻斯特無寬大之禮堂以容集會之聽衆，因在聖彼得場 (St. Peter's Field) 捐一空地，建築巨廈，以便集會，落成後卽名之曰「自由貿易堂」(Free Trade Hall)。迨一千八百四十年，議院重復集會，反穀物律會社中人乃繼續進行，派代表至院中請願，詳述國中工人之苦況及自由貿易之利益，顧內閣總理仍以「實際上不可行」一語答之。其事又歸失敗。一八四〇年五月，在休謨 (Joseph Hume) 請求議會指派數人組織一委員會以調查關於進口貨物之稅則，並研究此項稅則對於政府收入及保護實業方面所發生之影響。得議院之許可，此項調查對於反穀物律運動，至關重要，蓋其調查結果證明「爲收入而科稅」與「爲保護工業而科稅」係截然兩事，而不容混雜者也；並使社會人士明瞭上述之保護關稅增加人民負擔，使國中有用之人工及資本用於不擅長之工業上，勞而少功也，其報告所產生之結果，卽爲一八四一年之預算表之修正。

是年反穀物律會社又採用新步驟，凡會中之顧問皆全體出發爲盛大之演講，且社中諸人行動一致，務以推翻穀物律爲事。一八四一年柯勃登自斯都克堡（Stockport）歸，適値總選擧，新選之議員多爲反對政府之人，柯氏亦得入選，並獲議長之席，於是羣起抨擊政府，並爲倒閣行動，麥爾旁內閣（Melbourne Ministry）遂全體引退，迨新內閣成立，柯氏立卽宣言謂目前英國最要事務，卽在解決關稅中之穀物稅問題，此事大有辯論之價値，於是穀物律遂成爲議院之唯一討論爭辯之問題。氏更聲明本人係主張自由貿易者。

同時批爾（Peel）亦加入反穀物律派而開始其活動，故其勢益甚。批氏加入反穀物律運動甚晚，在先且曾有反對之表示，故深爲一般皮相論者所不滿。一八四一年，批爾長新閣之內政，製定方針，則因皆與自由貿易之原理相吻合，且亦主張廢止穀物律，惟以漸不以驟耳。蓋氏深悉一國經濟制度之改革，初非易事，故寧先從事於緩和進行，不驟事更張，致多流弊，故彼雖爲保守黨（Conservative Party）之領袖，然絕不贊成保護政策，惟該黨中其他人物，則多極頑固，彼等之意且恆與批氏相左。

批爾任職之日，正爲英國人民感受痛苦至深之時。農業凋敝，金融又極窘迫，至於工業，則各茂盛區域之工廠，大都倒閉，失業者不計其數。據調查所及，在孟卻斯特一地，歇業之廠家，達一百十六所之多，窮困階級，亟待救濟者，有一萬二千家之夥。波爾頓原有工廠五十家，倒閉者竟佔五份之三，其有工作之勞働者，所得亦至微；每星期不過六十三辨士而已，失業者更無論矣。其他若格拉斯古（Glasgow）李慈（Leeds）等工業大城，情形亦復相類云。

反穀物律會社中人，一方儘力防禦此輩窮困階級之騷擾，一方宣傳如穀物律取消後，必不致再有此種情形發生，蓋欲藉此機會，以引起人民對於本國食物缺乏及來源阻絕之注意。有人歸咎於國內工業制度之不良，以爲國中工廠，不當使用新機器，以代替原有工人，使工人多數失業，以釀成經濟上之大紛擾；柯氏駁斥其說，示以農業階級不用機器，其痛苦情形，亦正相若。更示以棉業因採用機器，使其出產品之價格平落，人民對其需要增加，並增銷外洋，其利至薄，故此大紛擾之病根，惟在穀物律而已，因此律阻止食物之來源，減少國際貿易量，使本國所產之貨物，不能推銷他國，而工人所需之糧食，亦無由獲得，乃產此惡果。勃拉脫（John Bright）助柯勃登氏共掌會中一切事務，處事精勤，與柯勃登稱一時瑜亮也。次年二月，議院開會，先首討論者，即屬國際商業問題，各政黨莫不引領企踵，以盼新內閣總理之提議，顧批爾是時，尚有所顧忌，懼穀物律取消以後，英國食物之來源，將永久依賴於他國，故不敢為明著之建議，維理斯則提議廢除一切穀物稅，引起極大之辯論，亘五日之久，柯勃登肆為宏論，力闢物價高可使工資高一說之謬，謂為此論者皆缺乏常識，陷國民於絕境。

在此一度之會議中，人民籲求完全廢除穀物律者，有二千八百八十一處之多，直至四月，批爾所提議之穩健辦法案通過，成為法律，較舊有者固進步多多，減低多項消費物品之進口稅，然尚不足以饜人民之大望，蓋是時英國人民之貧困，已達極點，食品供給，已告匱乏，勢不能不賴他國之供給，然新稅率對於此點，無大建樹，故實行後，人民生活情形，初不見佳，當此之時，英國各地人民，均有騷擾現象，尤以在孟卻斯特為尤甚，幸有反穀物律會社諸人調停其間，以弭大亂。落去特爾（Rochdale）工人，迫於生計，蠢焉思動，勃賴脫乃刊行日報一種，以指導工人解釋一切，風潮幸平。於是更在國中農業區域，肆爲倡導，詳述農業與工商二業之關係，三者如指臂相連，畸一則病，故農業階級對此會感情亦漸增。

三月中旬反穀物律會社在英之屈羅蘭戲院（Drury Lane）開宣講大會，莅聽者甚衆，柯勃登及勃賴脫均有演說，著名演說家福克斯（W. G. Fox）亦參加其間，作誠懇之演說，會散後更擬再舉行大宣傳運動，並出版報紙以爲之輔，是項報紙於是年冬季出版，柯氏之著作甚多，極爲讀者歡迎，銷路至廣，在一八四三年一年中，該社至爲活動，宣傳品共發出九百萬份，重一百噸，演講六百五十四次，誠可謂盛矣。

英國輿論界至是漸趨一致，於該社工作多所贊美，倫敦泰晤士報（London Times）論之曰：「政治家、道德家、法律家等，對於該社之刊物，均當一讀」；是可見當時輿論對於該社之注意矣。該社復得威斯得明斯脫（Westminster）公爵之資助，捐款五百鎊，並附書祝該社之成功，於是該社聲勢乃愈浩大，普及大不列顛全境，無遠弗屆矣。

一八四四年，國會重復召集會議，內閣總理批爾氏聲稱英國內部民生狀況已較前進步，是時反穀物律會社中人知時機業已成熟，卽批爾本人，亦應撤消該律之時日不遠，而備有所舉動，顧其遲遲不發者，等候機會而已。

是年二月，該社復在倫敦舉行大示威，柯勃登在下院中，提議組織委員會，以調查保護關稅對於國內租戶及勞動階級所發生之影響，其理由爲農夫之贏利，及勞働者之工資，皆受關稅之影響而減少，尤以一八一五年後爲尤甚，政府所頒發之維持物價命令，殊未能奏效，轉增加人民之窮困，破壞貿易，耗費資本，阻止人口增加，爲主張人道主義起見，不能坐視不救，故須有確實之調查，以定究竟。六月維理斯又極端提倡取消該律，並謂政府對於入口穀物所斂之稅，其擔負皆由國中消費者任之，故國民實蒙莫大損失云。然二人所倡之說，人多河漢視之，於實際上並未發生效果。

然其時農工生活，每況愈下，工資所入，每週不過六先令，且因麥價飛漲，人民都以馬鈴薯資生，營養不足，距死非遙，此種情形，至一八四五年春間尤甚。柯勃登乃復申前議，作長而精警之演說，引起議院中人之注意，演詞中詳述本人意見，極富精彩，批爾亦爲所感動，而撤消穀物律之心遂益堅決。

英內閣諸員亦相互議決，凡批爾之意見，當全體一致贊助之各報章輿論亦均謂撤消穀物律之時期已屆，不容或緩。適其時批爾受斯擠萊爵士（Lord Stanley）之攻擊，憤而辭職，並推舉羅素爵士（Lord John Russell）爲代，以繼其未竟之志，英皇不許，黜革斯坦萊職，而以格蘭斯頓（Gladstone）代之，批爾旋亦復職，勁敵既去，舉措乃較前自由多多。

於是批爾一反從前之猶豫態度，毅然決定於一八四九年二月一日建議取消穀物律，其所預定之計劃，爲廢去穀物之出口稅，同時其進口稅，亦大部廢止。其他農產品原料，及製造物之進口稅亦陸續廢止及減輕。其議案卒於五月十六日，以三百二十七票對二百二十九票正式通過於議院，穀物律至是乃歸消滅。批爾見目的已達，遂卽引退，不再預聞政事，人民以其功成卽退，不戀祿位，稱之爲第一流政治家云。

反穀物律會社，至是亦以大功告成，遂開全體大會於自田貿易堂，以事慶祝，柯勃登論其事歸功於批爾勃賴脫則極口稱譽上院之臂助，故該會社乃贈久任上院主席之威爾遜(George Wilson)氏以一萬金鎊以誌謝忱，自是而後此會遂無形解散，成爲歷史上之名詞矣。

英國商業政策，經此軒然大波，乃歸寧靜，然復有無數小改革繼之，一八四九年航海律亦完全廢止，雖召主張保護政策者之反對，聲浪初無影響。一八五二年格蘭斯頓長度支部(Chancellor of the Exchequer)，更銳意革新，取消一百二十三種貨品之進口稅，減少一百三十三種貨物之稅率。一八六〇年與俄戰爭後，繼續進行其減稅之政策，卒將政府所規定之進口稅，減少僅餘四十八種，而絲與羊毛等物則完全免稅，一八六六年取消木稅，一八七五年廢除糖稅，即穀物入口，在昔須納註册費者，今亦取消。至是英國之關稅乃完全以非保護之政策爲根據(non-protective policy)，制度手續，均極簡單，進口貨共分十五類，按類納稅，其目的祇在收入(for revenue only)，其中煙茶酒等物之稅率較重，在英國所收關稅二千餘萬鎊中，約占十分之九也。

區區一穀物律，竟引起如許之糾葛，可知國際商業政策之改革，正非易事，自此以後，所可述者遂尠，則吾人直認穀物律之興廢，爲英國對外商業政策之唯一大變遷，亦不爲過也。

第四節　十九世紀中葉至歐戰前之英國商業發展

穀物律廢除以後，英國對外貿易有何進展，自爲吾人所亟欲知者，其中最可注意者，爲英法協訂商約一事，此項條約，由英之柯勃登及法之歇佛利埃（Chevalier）所釐訂，法皇拿破崙第三贊助亦力，在此條約中，英國應允法國酒類運英國時，其進口稅特殊減低，法國則允許對由英運至法境之貨物，如絲棉、鋼鐵、皮革、玻璃機器等，其稅率減至值百抽三十，此條約規定以十年爲期，如雙方認爲滿意，得繼續十年，惟當普法戰爭時，此條約曾一度失效，一八八二年乃完全廢止。就事實論之，此項條約之結果甚佳，自一八五八年至一八七七年間，英國貨物之輸入法境者，其價值由九兆磅增至二十餘兆磅！由法輸入英國之貨物，則由十三兆磅，增至四十五兆磅之多！其進步亦可謂速矣。

十九世紀之中葉，英國不僅購進外貨及售出本國貨物，有時更將購進貨物，再運出口，各曰再出口物（re-export），就此點觀之則英國地位不啻爲一居間人也。一八五五年至歐戰前一年之英國貿易總計可列表如後：

英國每年貿易之平均總額（以一兆磅及一兆美金爲單位）一磅折合美金五元

年份	入口		出口		再出口物
一八五五—五九	一四六金鎊	七三○元美金	一一六金鎊	五八○元美金	二三金鎊
一八六○—六四	一九三,,	九六五,,	一三八,,	六九○,,	四二,,
一八六五—六九	二三七,,	一一八五,,	一八一,,	九○五,,	四九,,
一八七○—七四	二九一,,	一四五五,,	二三五,,	一一七五,,	五五,,
一八七五—七九	三二○,,	一六○○,,	二○二,,	一○一○,,	五五,,
一八八○—八四	三四四,,	一七二○,,	二三四,,	一一七○,,	六四,,

一八八五——八九	三一八,,	一五九○,,	二二六,,	一三○,,	六一,,
一八九○——九四	三五七,,	一七八五,,	二三四,,	一一七○,,	六二,,
一八九五——九九	三九三,,	一九六五,,	二三八,,	一一九○,,	六○,,
一九○○——○四	四六六,,	二二三○,,	二八九,,	一四四五,,	六七,,
一九○五——○九	五二三,,	二六一○,,	二七七,,	一八八五,,	八五,,
一九一○——一三	六一一,,	三○五五,,	四七四,,	二三七○,,	一○七,,

觀上表之趨勢，可知英國近年來國際貿易之發展，殊有駿足千里之勢！在十九世紀之末葉，英國國際貿易之總額，約占全世界各國國際貿易總數四分之一；歐戰前十餘年中，各國國際貿易雖有長足之進步，而英國之海外貿易仍占世界貿易全數六分之一，開之誠足令人咋舌！

英國晚近商業所以發展如此之速者，蓋自有其原因在焉：（一）英國之工商業能力，較他國爲優勝，（二）英國之物質環境，較他國爲佳，天然礦產（如煤等）特富；（三）政府之商業政策，能適應民情，使其國民儘力發展其工商業。當十八世紀之末，英國某政治家曾語美國佛蘭克林氏曰：「以英國地勢之佳，天然物產之豐富，苟能採用自由貿易政策，則世界上執商業上之牛耳者，殆非英莫屬。」此種觀念，洵非泛論。

今試將英國出口貨之品類，一爲研究，則可知其專致力於製造業，其出口貨中三份之二，係人工製造品，原料則較少，原料之中，以煤之輸出額較大，約占出口貨物總價值十分之一。出口之人工製造品中，以棉織物爲最多，約占全數四分之一，一九一三年英國運輸出口之棉織物，達七千兆碼；鋼鐵製造物次之；其中以交通用品爲多，至所運出口機器，爲數亦夥，以一九〇〇年二數目，與前五十年者相較，增加約五倍有奇。至歐戰前之一二年，又增至一倍，亦可謂速矣。此外若毛織品、革器、磁器等，在出口貨中，皆占重要之位置。

至於進口貨方面，則英國近五十年來，以食品爲輸入之大宗，蓋其人民之食品，大部皆由他國及其殖民地供給也。其來源無所不有，即距離較遠之國家，亦因交通便利，恆運輸食物至英各種易致腐爛之食物，若肉、菓品、菜蔬、等等。亦能陸續自他國購辦，而善爲貯藏之，以供用焉。

原料之輸入，亦有同樣情形，無論何種笨重之原料，因運費之低廉，皆可購入，故各項原料，在英國入口貨物中，占一重要地位。各種製造品，爲英國所不產者，亦多輸運入口，其量逐年增多，五十年中其總額約增加至十倍，增加率固不可謂緩，然以較食物與原料二項，猶覺瞠乎其後也。

近年來英國之國際貿易，呈一入超之現象，此種趨勢，由來已久，入口貨之價值，恆超過出口貨之價值，卽以一九一〇年一年而論，二者相差之數，竟達九萬萬元美金之多！英國所以獲有此項剩餘之貨物者，並非出之於列強之餽贈，乃以過去及現在之服務（service）交換而來者也。英國歷年來投資於他國甚鉅，其應得之紅利及利息，爲數極大，且該國商船，每每載送世界各國之貨品，所得之運費，爲數亦屬可觀，而倫敦又爲世界金融之中心，金錢流轉，多在其地，故所得之佣金數亦非尠，由此諸因，英國遂多向各國運入貨物而成爲一種

入超之現象，然初不因此而受絲毫之損失也。

以上所言，爲英國國外貿易情形之大概，欲知其內容，非將其貿易之貸借對照表(balance sheet)細加解析不可。今姑以一九一〇年之貿易列下，以資研究（以一百萬鎊爲單位。）

借　方

(Debits)

入口貨物	六百七十八
進口之現金銀	七十一
外國投資之總數	一百七十
外人所賺得者	十五
	九百三十四

貸　方

Credits

出口貨物	四百三十四
再出口	一百零三
生金銀之出口	六十四
投資上所得入款	一百七十八
船舶運載所賺	一百
銀行及商業上所賺	五十五
	九百三十四

此表實爲一國際賬目，其中吾人須注意者有二點：（甲）金銀之輸入與流出，近於均平，凡世界各國債務之交付及現金之分配，多在英國行之，故其地位宛如一清算所（clearing house），必在此時間內他國付給英國之利息及紅利甚多，英國再將此款投資於外，以吸大利；以上二者，爲英國晚近國際商業之要點，明乎此，則思過半矣。

自一八五〇年起，英國國際貿易發達極速，一時莫之與京。而航務之發達，亦蒸蒸日上，歐戰以前全世界汽船之噸數，英國單獨所有者，計約一半，德國名列第二，但與英國較，祇及其半而已，在此時期中，英國商船隻數之增加，並不迅速，但每船之容量，則與日俱增，遠非他國所能及，此種發達情形，得之於航海律革除之後，浸潤至今，遂永處於顛撲不破之地位。晚近經濟史家嘗云：當歐戰爆發之前一年，英國之航業，佔全世界航業之一半，雖似過譽，要亦實情也。

英國國際貿易之中心，自以倫敦爲第一，其次當推利物浦（Liverpool），他若赫爾（Hull）孟却斯特（Manchester）格拉斯果（Glasgow）掃斯恩潑登（Southampton

等處，）俱亦皆爲要港。

至於世界各國與英國貿易最繁者，自推歐洲西部各國，如法、德等，其貿易額佔英對外貿易之大部份。其次爲英之各屬地貿易額約佔英國國際貿易四分之一，惟歷年之增加率殊爲遲緩耳。再次再推美國，一九〇一年，英國購自美國之貨物，較購自法國（第二）者幾多一倍，而英貨之運入美境者數亦不小。要言之，自穀物律廢除後至歐戰前止此一時期中，英國國際貿易突飛猛進，雄長一時，他國幾莫之能及焉。

第五節　歐戰前之英國商業問題

近數十年來，英國之國際貿易又具有特點，蓋在此數十年英國商業固覺蒸蒸日上，國際貿易之量亦日有增加，但在實質方面實屬退步。增加速者爲進口貨，出口貨則自一八七二年以降，其增加之速度遠不逮本國人口之增加率，卽與他國之出口貨之增加率較，亦不逮遠甚。自一八八一年起，至一九〇〇年止，此二十年中，他國之進口貨平均增加百份之十一，而英國出售與他國貨物總數，祇增百分之四而已。英在世界各國中，素以工業先進國家自居，然鋼鐵毛棉織品素爲英國至要出產物，其輸出額增加甚少，甚或竟有減少者，至於其出口量增加速者，轉爲英國所不擅長之製造品；若原料方面，則煤及陶工所用之陶土等本國工業中所需用之物品，反佔出口貨之大宗，斯可測知英之製造界實在退步，而其商業前途，亦有危機在焉。惟英國出口業之衰落，其趨勢至一九〇〇年而中止，自此以後，逐漸恢復，但歐戰爆發，其勢又止。

英國出口貨之減少，更可由他國之進口貨中調査英貨所佔之幾分觀其增減之勢而知之，今試以日本之進口貨中英貨所佔之價値計之，其表如下：

日本入口貨平均之總數（以一兆圓爲單位）

年份／輸來之國	英	德	美	他國	總計
一八八一——一八九〇	一九·六	三·四	四·二	一九·三	四六·五

一八九一——一九〇〇	四六・六	一四・八	二三・八	八七・〇	一七一・二
一九〇〇——一九〇九	八三・三	三六・二	六五・八	一九九・八	三八五・〇

觀上表吾人可知三十年內英國運入日本之貨增加不過四倍，而德之對日貿易則增至十一倍，美之對日貿易進步尤速，增加量爲十五倍餘，是可知英之對日貿易進步之遲緩也。或以爲在上列時期中間之價值昇降無定，故上表中英國出口貨之多少不足爲憑，則可將各國之輸入日本之貨列成百分比以計算其增加率焉，其表如下：

日本歷年入口貨平均之百分率

年份＼輸來之國	英	德	美	他國	總計
一八八一——一八九〇	四二・二	七・二	八・九	四一・七	一〇〇
一八九一——一九〇〇	二七・三	八・六	一三・三	五〇・八	一〇〇
一九〇〇——一九〇九	二一・八	九・三	一七・〇	五一・九	一〇〇

觀上表更明示英國貨物之運入日境，實有逐漸減少之趨勢，其結果適與第一表相同。

至於英國貨佔優勝之處，僅有西班牙，阿根廷，瑞典三國，即以英國之屬地言，亦只在瑪利得斯（Mauritius）一處，其進口貨中，則惟英貨爲獨增耳。

由上觀之，可知在歐戰前英國國際貿易之出口量，逐漸減少，實爲一不可掩飾之現象，此種現象，雖不致使英國遽陷於工業破產之地位，然長此以往，將使英國喪失其國際商業領袖之資格，則殆無疑義。考英國出口貨所以減少者，不外下列三因：（A）他國所需之重要物品，英國不善製造；（B）即製成後，商人拙於推銷；（C）受他國保護政策之影響。今分述如下：

（A）英之工業界，受多方之影響，而喪失其優越之地位，可分兩端論之。

（1）英之製造界受不專門之勞働者競爭之影響　英國之勞働者，須與東方各國（如印度、日本）之勞働者競爭，其競爭最力者爲棉織業等是，就勞働者之生產率而言，英國之勞働者自較亞洲之勞働者爲優，但就製造粗大之物件而言，英人卻非東方勞働者之敵手英國工業界爲避免此項競爭起見，特將機器送之東方，以設立之廠，並派精嫻之管理人，與監工以指導東方勞働者之工作，裨增加其效能，其結果則雙方競爭益烈，英之勞工益處於不利之地位。印度與日本之紡織事業近來進步甚速，出品亦夥，卽在我國之銷場，亦屬不惡也。

（2）英製造界，受專門勞働者競爭之影響　同時英國之勞働者，尙須與西方各國之勞働者競爭，因其範圍較大，故其關係較上述者尤爲重要，此項競爭不只限於一二種工業，幾於普及全製造界。美、德之製造品，不但在英國屬地銷場極大，卽英國自身亦購買極多，考美、德二國製造界，所以得占如此之優勝地位者，厥有四因：（一）英國之勞働者少受教育，故識見謭陋，技能較低，德、美則以教育較爲普遍，普通勞働者知識較豐，對於近代製造界之新方法，所知較多，應用亦廣，其出品自較優勝。（二）英國之工會（labor union）勢力甚大，往往阻止英國工廠採用新式機器，且常限制勞働者之行動，故生產率，爲之銳減，而製造界乃大受其累。（三）英國勞働者缺乏專門技藝（technical training）各種工業新方法，在他國早經採用，成績卓著，在英國則以缺乏人材，故竟不能付之實施。（四）英國工業歷史甚久，凡百經營者咸故步自封，不肯有所更張，更不肯冒險，故其業無大進步，至美、德之工業家則富有嘗試精神，力求進步，其結果自勝英人多多。

（B）此外，尙有他種情形，足爲英國出口貨發展之障礙者，卽商人缺乏商業能力是也。故英國之製造界縱能振作，苟對於顧客之慾望及嗜好，不能適合，則其貨不能推銷於出口方面，仍將永無進步。關於此層可分兩項論之：（甲）顧客需要之調查；（乙）製造出售之遲速。

（甲）英商對於外國市場之需要，多昧然隔膜，又不肯從事調查，故世界各國之人民，凡與英國人民曾發生一度商業上關係者，皆謂英商舉動之遲鈍，外國語言之拙劣，彼等僅知將貨物輸送出口，至於外國市場之需要與否，外商之合意與否，彼等悉置不問；在南美洲、波斯等不用英文之地，英商處境尤爲困難，貿易亦自不振矣。

（乙）英商於貨物製成後，不立加推銷，按之市場情況，凡貨物製成後，宜從速售出，以佔先着，苟稍有遲延，卽易致失敗。顧英國之出口商，多舉措遲緩，往往任他國貨物在市場上捷足先登，以排擠英貨，且交易成就後，應運之貨物，又多不能準期遞送，致他國之購買者，往往嘖有煩言，而英商仍漠然不顧，以致外商多不願再與之交往，英國在澳洲商業之失敗，卽因此也。

此種弊病，以在歐戰前爲最甚，歐戰後情形一變，英政府漸悉本國出口業之缺點，思整頓之，裨能與他國商人競爭，其辦法爲推廣初等工業教育，以增加勞働者之知識及技能，國會亦組織一委員會，調查他國商業之詳情，以資考鏡，調查之結果，謂英國對世界近代工業之發展，無大貢獻，在化學及電學上進步尤微，鋼鐵業方面，亦因受德、美二國之影響，進步甚緩；其成績較佳者，爲紡織業及船艦製造業，至於其失敗之原因，則以其商業組織及推銷方法，缺少效率云。

（C）除工商業兩項之影響外，他國之商業政策，對於英國國際貿易，亦有極鉅之影響。各國多採用保護政策，高其稅率，致英貨無由輸入而失敗，故英人頗有主張恢復以前之保護政策，以事報復者。

十九世紀之末葉，世界各國多數採取保護政策，據調查所得，英國之主要出口貨，在各國通常須納從價稅百分之十乃至三十，而有時其數尚不止此；在美之稅率高至值百抽七十二，而在俄羅斯則須納百分之一百三十之稅率，其所受之損失，自無待言。故英國雖將其商業政策改變後，是否果能獲利，尚屬疑問。

自由貿易既受障礙，保護政策之燄乃又重熾，英國多數之政治家，皆趨向後說，張伯倫(Joseph Chamberlain)主之尤力。倡議採用一種新政策，建立帝國關稅聯盟(Imperial Customs Union)。聯合英國及各屬地組織一團體，不徒為一政治單位，且亦為一經濟單位，一切貿易咸在此團體中行之。此種計劃，如能實現，則英國當然可得不少之利益，緣英國貨可以各殖民地為尾閭，而各殖民地所產之原料，亦可恃英國市場，以資推銷，誠屬一舉兩得，但欲求此計劃之實現，困難殊多，蓋自一八五〇年以降，英國之政治及經濟組織，多所變

國際商業政策史

動，各殖民地皆獲得自治之權，自立政府，訂定法律，並為一己發展起見，高其稅率，以抵制英國及他國貨物之輸入，同時其境內之製造界亦有明顯之進步，足以自給，故不願英人侵入其市場，惟以政治之關係，對英商微加優待，採用差別關稅（the differential tariff）科英貨以較低之稅，以示優待，坎拿大自一八九四年起即用此法，行之既久，已成固例，今欲其放棄舊制，另組關稅同盟，開放其市場於英人，自非其人士所樂聞，故張氏之主張，卒未能實現。

第六節　英國最近之商業政策

歐戰前一二年，英國國際貿易漸見起色，可與美、德等國並肩，歐洲戰端開後，各國商業政策，猝起一大變化，此經濟學中所謂「反常時期」（abnormal period），其間各種現象，均暫而不久，英國商業在歐戰中亦有劇烈之變動，欲明其究竟，端賴統計，今將歐戰時之商業統計列成下表，以覩其趨勢焉。

年份＼項目	入口總計	出口貨	再出口貨	入超	輸出現金
一九一三年	七六九兆鎊	五二五兆鎊	一一〇兆鎊	一三四兆鎊	一三兆鎊
一九一四年	六九七	四三一	九五	一七〇	二八
一九一五年	八五二	三八五	九九	三六八	二九
一九一六年	九四九	五〇六	九八	三四五	二一
一九一七年	一〇六四	五二七	七〇	四六七	一五〇
一九一八年	一三一六	五〇一	三一	七〇九	五一
一九一九年	一六二六	七九九	一六五	六六二	

此項統計，在解析時須注意二點：（一）政府專利品，縱其貿易極盛，亦不列入，故貨物流通之實在數目，尚不止此；（二）在此期內，物價飛漲，在一九一九年英國一切物價，較一九一三年平均漲高二倍有半，苟欲於表中之統計加以修正，則出口貨及進口貨之總價值，皆須

變動。

苟祇就實在貨物數量而言，則在歐戰期內，英國國際貿易之數量實減少許多，尤以再出口貨物一項之減少最爲顯著，在昔英國常以居間人自居，以他國之出產品分配於各國，自歐戰發生商業凋疲，英國此次任務遽爾停頓。而英國本國出產品之運輸出口者，亦形減少，直至戰爭終了時，始有恢復之趨向，但以實在數量言之，較戰前已減少一倍有奇，於此可知戰爭對於商業影響實鉅也。

在戰爭時英國之商業困難問題，爲如何可獲得及淸償進口貨，其時各國海軍，縱橫海面，破壞海運，故貨物之輸送，極爲困難，然經與他國協商後，並用科學方法，以保護運艦，此項問題，卽迎刃而解，至於以何物爲淸償進口貨，則較難解決。

英國平素進口貨之總價值，每較其出口貨之總價值爲大，在一九一三年間，進口貨共值一百三十四兆鎊，至一九一八年間，進口貨之總價值竟達二千兆鎊，亦可謂鉅矣。

抵償此項鉅額進口貨之最普通方法，爲輸送現金出口，此外則運費等亦可移償貨價。

自一八一五年至一八一七年間，現金出口計二百兆鎊，戰時運費猝行騰貴，似可多獲鉅利，惟有多數船隻爲英政府借用，損失甚多，故運費所獲，亦未見增，以之充淸償之用，仍爲不敷。此外則投資方面所得之利息及紅利，亦可資淸償進口貨之用。一九一四年，英國此項所得，約四千兆鎊，其後之二三年，英政府頒令以公債調換民間在海外之進款，卽以此款購買外貨，且借外債以充軍費焉。

至於進出口貨物之品類，在歐戰期間，並無變易，出口貨中，五份之四係製造品，原料中以煤輸出最多，進口貨中則四份之三爲食物及原料。至於進出口各物之數量，因戰時之需要及環境多所更易，故亦多所變動，棉織品之出口量與前相若，多半爲婦女所製造，故能不受勞働者赴戰之影響，鋼與鐵之出口量銳減，在大戰未發生時，英國每年運輸出口之鋼鐵，平均約有五兆噸，一九一四年減至四兆噸，一九一五年至一九一六年，減至三兆噸，其後又至二兆噸，進口貨方面以各項生活必須品，如米，麥，牛乳等及各種軍用物如槍礮，石油鋼鐵等，占重要之位置。

關於進口貨之來源，亦有變動在歐戰前世界各國中與英國商業關係最深者除美國外，厥惟德國自英德邦交斷絕後，美對英之貿易乃較前爲盛，美國初未捲入戰事漩渦，得專致力於工業，以各項製造品供給他國而獲厚利，其對英貿易之進步，可以下表證之。

英國由他國運入之日用品之統計（百分比）

來源＼年份	一九一三年	一九一四年	一九一五年	一九一六年	一九一七年	一九一八年	一九一九年
英國屬地	二〇	二三	二八	二九	三二	三二	三四
合衆國	二〇	二一	三〇	三三	三七	三七	三五
其他各國	六〇	五六	四二	三八	三一	三一	三一

上所述之日用品，乃專指麥、穀、油、銅、棉、煙草諸物而言，吾人細觀表中數目，在一九一七及一九一八兩年中，由美國輸入者竟占總數三分之一以上，可謂鉅矣。

歐戰未發生時，歐美各主要國皆爲英國運銷貨物之尾閭，迨戰爭開始，此類市場，多數閉歇，但對英國殊少影響，蓋其時英國出口貨之數目亦銳減也。

惟法國情形，則屬例外，在戰前英自法運進之貨物之總價值，較自英輸送至法之貨物總價值爲鉅，迨歐戰開始，局面一變，法貨運至英國者其數大減，而英貨之運入法境者則反形激增，其統計可列如下：

戰前及戰時英法間之貿易數量（一九一三——一九一九年）

項目／年份	一九一三年	一九一四年	一九一五年	一九一六年	一九一七年	一九一八年	一九一九年
運入英境之法貨（以百萬磅計）	四一	三三	二七	二三	二〇	三三	四四
運至法境之英貨（以百萬磅計）	二九	二六	七〇	九三	一一三	一三三	一四七
占英出口貨總數之百分計	五	六	一八	一八	二一	二六	一八

上表明示英國對法貿易在歐戰期內增加頗速，其所以然者因法國爲大戰時勞働者多從事戰役，致專賴英國貨物以供本國人民所需，又因製造軍器之用，由英購進多量之銅鐵，其

數幾占貿易全額三分之二云。

至於昔日與英、德二國多商業往來之南美各國，以海運之不便，及交戰國之出口貨量減少，皆改就美國交易，遠東各國則羣趨日本，英之市場陸續喪失，故歐戰告終時，英國之惟一商業問題，即爲如何恢復其國外市場。

戰時英國農民多負戈赴敵，故食用所需多仰給於他國，於是歐洲各國競運食物至英，其利甚厚，但載運貨物之船隻，往往不及至英國境內，即被德人潛艇擊沈，於是英國民食頓感缺乏，而呈不安之象。

至於工業方面，亦因戰事而受絕大之影響，蓋當戰爭劇烈時，英政府將一切工商業收歸政府管理，並添數種設施，如傳佈各項專門技藝之知識等，使人民多得各項智識，蓋戰時所發生之問題，多爲平時所不經見者，非特別訓練不可也。

英國在戰前依賴於德國者頗多，如染料之供給等，是德國之染料，均經化學師精製，優美無比，歐戰起後，其供給斷絕，英人乃大受其累，凡絲織品之製造，因缺乏良好染料，不克順利進行，以應各方之需求，而致損失不貲。又在戰時，德國之炸藥，係由染料廠製造者，為他國所不及；英國雖鼓勵本國之製造界，以從事於此，然其效甚微，終不能與德國相抗衡也。

在金融及財政方面，英人力思補救之道，各銀行競相合併，以厚其基金，成有力之組織，又有政府特許之英國貿易公司（British Trade Corparation）成立，其資本為十兆鎊，其性質實為一銀行，目的不在與英國大小各銀行競爭，而在與各銀行聯絡，以預防金融危險。

至於勞働階級方面，亦受戰事影響，其時英國國內勞働者，大半從戎，但因亟於製造軍器，需工甚殷，黠者遂乘機起而要求較高之工資，童工及不嫻巧之工人，紛紛就業，雖平素極有勢力之工會，至是亦一籌莫展，此種紛擾情形，直至戰事告終而後已。

當戰爭之初，英政府即採干涉政策，管理其國內一切商業，並借用人民船隻，以運軍需品，關於貨物之進口，加以限制，而出口貨則以本國所不需者為限，其他悉加禁止，目的在使敵國不能藉對英貿易上有所制勝也。一九一五年，對攝影機、鐘表、摩托卡、音樂物件等之進口，悉科以值百抽三十三又三分之一之從價稅，藉此收入，以裕國用，更採用一種優等稅率(perferential rates)以鼓勵必需品之輸入，頗著成效。

一九一六年，各協約國皆派代表至巴黎開經濟會議，以討論戰爭時各國所應採之商業政策，此會之目的，在以經濟勢力威脅德國，使其乞和，故該會表面上極盡鋪張揚厲之能事，而實際方面，則無甚結果。英國爲求徹底解決本國困難起見，另有戰後工商業政策委員會之組織，內中份子，悉屬一時知名之士，一九一八年，該會換有長篇報告，呈諸政府，其大意謂各委員已審愼調查國際商業情形，反對政府之藉關稅以控制各國，及增加國家財源之政策，而主張關稅祇應用以防止賤售併吞之發生，惟於一切「主要工業」(industry)，各染料、鋅、鎢等製造業，則仍須藉關稅以保護之。蓋上列各物，原賴德國之供給，今德國已失敗，來源告絕，而本國出產又不足，故當受關稅之保護，以助長之，至於對各屬地之貨物，則應加優待，以示差別云。

一九二一年英國議院通過保護工業之法律，卽以該委員會所提議之各要點爲根據，而英之商業政策至是又一變，此律製定一極冗長之應科稅物品表，約列物品三千種，凡外商輸運表內所有之物品入英者，須各依其價值納值百抽三十三又三分之一之稅。新律中更規定防止賤售併吞之辦法，給「貿易部」(board trade) 以特權，使保護國中工業，凡外貨在英境內行銷而其價值較其生產費用 (cort of production) 低者，科以值百抽三十三又三分之一之從價稅，以增高其價，使不得賤售以併吞本國貨之銷路。英國商業政策自穀物律廢止後，恆以自由貿易為標鵠，至是乃復趨於保護政策之途矣。

第三章 美國之商業政策

第一節 美國商業政策之起源

美國在獨立戰爭終了時，其各省間之關係，散漫異常，其情形與維也納議會（Congress of Vienna）後之德意志同盟（Germanic Confederation）絕類，在先英國會允准在美之各殖民地，設立稅關，科稅以充地方之用，雖其目的在財政，但其中固不無保護政策之色彩；自一七七六年美脫離英之羈絆後，此種重商觀念，漸就衰落，但各省仍自有其獨立之稅制，凡由外省運入之貨物，均課以入口稅。是時工業幼稚，人民以農業為生，鐵之出產雖較多，但均消費於本地。自一七八二年起，美國商業政策，迭有更變，始釐定關稅法令，增加稅率，其用意純在為政府增加收入，一方以抵制歐洲各國之保護政策，經數年之討論後，美國乃於一七八七年之憲法中，規定國會有制定稅則及科稅以償國債之權，全國稅制，須歸一律云。

一七八九年，美國會第一次正式通過關稅律（Tariff Act of 1785）其關稅制度，包括從量稅（specific）從價稅（ad valorem）二種，有效期以七年爲度。從量稅者即對於每一種貨物按其數量納不同之稅，此類貨物，計三十六項，其較重要者，爲火酒（每加倫納稅八分至十分）茶（每磅納稅六分至二十分）糖鹽糖漿繩索鋼（每一百磅五角六分）及釘等物；從價稅則按物價而徵其百分之幾，如馬車值百抽十五，玻璃，磁器，陶器花邊等值百抽十，紙手套革、衣帽等值百抽七又半，其餘一切入口貨則悉值百抽五，至於完全免稅之物品，共十七種以原料爲多，如硝石，羊毛棉、獸皮，染料等，是凡貨物運入美境，在一年內重運出口者，可取還前納關稅百分之一；又爲培殖美國航業起見，凡貨物完全由美船載運入口者，可減納關稅百分之十。綜觀上列各種規定，可知其稅率初不甚高，但多數人民，尚有反對之表示云。

制定此稅率者多係缺乏經驗之人，其用意原以保護工業爲主，一方又因政府需款甚般，故欲藉此增加歲入。翌年美政治家漢密爾頓(A. Hamilton)，擬辦土產稅而未果，遂將從量稅中之鋼，每百磅由科五角六分增加至七角半，值百抽五之從價稅亦提高爲百份之七又半及百份之十，以增加收入而貧國用。

一七九〇年國會指派財政部長考察關稅制度情形向作一精密之報告，並擬定計劃，以振興本國製造界，俾美國人民所需之貨物不致完全依賴他國之供給。一七九一年十一月漢密爾頓乃撰「關於製造界之報告」陳諸國會，其中詳述保護政策之不利。大旨以國家自足之說爲根據，謂「任何國家皆當自給其一切凡生活及國防所必需之貨物，須待此類貨物齊備之後，國家方能安全生存，苟有缺乏，卽其危險；」氏且主張美國應有一國內市場，以容納本國之農工產物，若國外市場，則因歐洲各國咸採取保護政策，故不甚可靠，惟欲建立國內市場則於國內幼稚之工業不能不愼加保護，以使滋長，俾不致受外商之壓迫也。此報告之結論爲一切進口貨當一概免稅，惟於本國亦能出產之物品而由外國運入者，則施以保護稅率。

自一七九〇年以降，美國關稅，屢經修改，在一七九二年至一八一六年止，國會所通過之關稅律，共有二十二案之多；但在此期中，漢密爾頓氏之主張，並未發生何等影響，一切修改，均以財政爲目的，而不注重保護工業也。進口稅率在修改中，造次增加，直至一八〇八年始已。其中從量稅數項，亦易爲從價稅焉。

迨一八〇八年，情形又變，前一年，美國議會曾因政治關係通過封港律(Embargo Act)禁止美船駛往外國港口，國際貿易，遂受一打擊，二年後，此律廢止，但美政府宣言與英法斷絕商業上關係，故其時美國對外貿易之範圍，驟形縮小，至一八一四年，美國國外貿易，幾等於零。美政府至是乃見其失策，遂改變方針，欲乘機推廣本國市場，故在英美戰爭時，美之出產品，反形增加，棉鐵玻璃等物出產尤多，工廠制度，遂開始替代舊有之家庭工業組織而盛行一時。

及一八一四年之末，英美和約成立，戰爭遂告中止，次年更訂通商條約，議定兩國須以平等相符互相交惠，此約原以四年爲期，然在一八一八年又議決延期十年。自後美之國外貿易，遂入發達之境進口貨驟增，一八一四年之進口貨總價值達美金十三兆元，次年增至一百十三兆元（時距停戰期只六月）至一八一六年則已達一百四十七兆元之鉅，較之戰前，其數幾增至一倍。

戰後經濟情形改變，美政府乃另行採用一種新商業政策，一八一六年國會通過新關稅律（Tariff Act of 1816），以保護政策爲原則，內仍包從量稅與從價稅二種。

此新關稅率並未產生何種結果，可以鐵條及棉二項進口貨證之，在一八一六年，鐵條入口量爲一萬二千二百九十三噸，次年增加至二萬一千一百六十噸，更次二年其量雖略行減少，然至一八二○年時，又增加至二萬二千四百五十九噸，而本國之產額則頗見減少。棉業亦有同樣情形，是此稅律竟失其保護之效力，可謂失敗矣。是時美國南部各省之農業階級多反對此稅律，因數年來美國之棉及煙草在海外銷場極佳，採用保護政策後；恐於農民之利益有礙也。卽政界巨頭中贊成保護政策者，亦屬寥寥。

在一八一八至一八一九年之間，美國經濟界發生危象，農業出產物之價格，一落千丈，製造品之價亦隨之而降落，於是人民對於保護政策信仰復熾。一八一九年美議會有調查製造業委員會 (Committee on Manufacture) 之組織，專心調查及解決當時之經濟困難為任務，該委員會首先提議將全部關稅稅率加以提高，一以添政府收入以償外債，一以保護各種工業。

自一八二〇年至一八二四年，國會中討論此關稅問題，至為熱烈，互相爭持，歷久不決；雖多數人主張修改，但並未付諸實行。一八二三年冬國會改組，中部各省代表加入，如紐約 (New York) 賓夕法尼亞 (Pennsylvania) 俄亥俄 (Ohio) 墾塔啓 (Kentucky) 田納西 (Tennessee) 諸省均有代表列席，此等新議員多屬保護政策之信徒，而美總統孟祿 (Monroe) 氏亦屬同派，即請新國會修改現有之關稅制度，俾使美國立於穩固之地位，經討論研究之結果，遂於一八二四年產生新關稅律 (Tariff Act of 1824)。

此新稅完全為保護性質者，凡鐵、鉛、羊毛、麻諸物之進口稅皆行提高，棉織物及毛織物之從價稅，自值百抽二十五增至值百抽三十三又三分之一。但公佈後，大為各界所反對，本國之新英格蘭(New England)區諸省反對，尤力造船業者反對麻(製繩索所用)及鐵二物之加稅，製造界則以爲糖漿(造酒所用)及原料羊毛之入口稅率，不宜再行加高。惟中部及西部各省則極力贊成此新稅則，彼等志在振興國內市場及認麻羊毛等物均需保護也。此新關稅律雖得通過，然自此以後，美國關稅，遂時受政治方面之干涉矣。

第二節 美國之關稅與政黨

一八二六年，毛織物業要求政府施行更嚴厲之保護政策；其理由爲英國對於羊毛之進口稅業已減少，故其毛織物之價格亦降落，致美國之業此者，不能與之爭競，而陷於困難之境，故請求政府將毛織物製成之衣服之進口稅提高以爲抵制。一八二七年，國會通過羊毛案(Woolens Bill)，採用最低價値方法，卽爲適應此項要求而來也。除絨線織物及地毯而外，其餘羊毛貨物價格，每碼在四角以下者，進口時須納稅四角，倘其價格爲四角至二元半者，則進口時須納稅二元半，其價在二元半至四元者，則進口時須納稅四元，羊毛則按價抽稅百分之三十五至四十。此案雖在衆議院中通過，但在參議院則以反對者多，未得通過；然主張保護政策之說，至是益盛，有凱雷 (Mattew Carey) 者，專事闡發此項政策之原理，以事宣傳，又有奈爾斯 (Niles) 則輯「每週紀事」(Weekly Register) 雜誌一種，以事鼓吹，其時美國關稅問題，已完全捲入政治漩渦，故其關稅法令，亦悉以政治背景爲轉移，保護政策運動之結果，於一八二八年產生一新關稅律 (Tariff Act of 1826)，即後人所稱爲保護最高度之關稅是也。此律一名「罪惡之關稅」(Act Abominations)，其通過之日，適値美國總統選舉劇烈之時，故各政黨即以此律爲宣傳之具，或主贊成，或倡反對，卒之疵病百出，遺害非淺。

此新稅中進口稅之增加殊多，如麻稅每噸由三十五元增至四十五元；糖漿舊日每一加倫之稅率爲美金五分，今增至美金七分半；鐵塊每百磅之稅率美金五角六分，加至六角二分半，而尤以羊毛及毛織物稅率之增加爲最鉅，是時美製造毛織物者因缺乏機器，出品甚劣，遠不能與英國之出品相比較，故美民皆樂於購用英貨，政府有鑒於此，特將此項物品之從量稅提高羊毛原科從價稅，今則以每磅四分之從量稅替代之，更另科從價稅，此種修改，專以適應當時美國農民之需要，而稅率之重，如此可謂極盡保護之能事矣。

一八二八年之關稅律，竟引起美國政黨之大衝突，在先美國南部諸省，皆深以保護政策爲非，蓋以二三十年來美國政府財政上之贏餘，均用於北部諸省之建設事業上，如築路等，尤致不滿，因此遂羣起詰難，當此新稅律未通過時，南加羅來納（South Carolina）省卽宣言反對保護政策，其理由謂「歷屆國會所議增加之稅，皆課斂於南部人民而增稅所得，則完全用於他處，南部居民所納之款，乃爲政府用以經營北部諸省事業，豈非不平之甚，故宜去除之」云云，但新稅律卒得通過，南方人民尤爲憤激，反對之聲浪，日有所聞，政府乃不得不對新稅則酌加修改。

第一次修改在一八三〇年，茶之進口稅，減少美金五角，咖啡稅減少美金六角，可可稅減少美金五角，而糖漿之稅則廢新用舊，但此項更動，並不重要，故國會中之自由貿易派，仍不滿意，反對之聲，並未全息。次年，美國費城（Philadelphia）市民召集自由貿易大會，上請願書於參議院，略謂美國人民對關稅之態度，較對土產稅爲贊成；關稅雖有弊害，但可鼓勵本國工業之發展，然不可漫無限制，任科高稅以病民，故最適合者莫如按物科以值百抽二十之從價稅，足給國用斯可矣。書中更詳論一八二八年新稅律之失當，謂新稅則不但阻止幼稚工業之發展；且使各種已發達之工業，亦逐漸退步，故非加以詳細之修正不可云。

北方諸省之較爲和平者，對於南部諸省之情形，亦皆諒解，而願讓步，蓋以美政府是時財政逐漸充裕，歷年關稅所得，已將國債清償大部；（自一八二八年一月起，至一八三二年一月爲止，國債自六十七兆四十七萬五千元美金，減至二十四兆三十二萬二千元美金）亦無施行重稅之必要，國會遂於一八三二年一月通過新稅律(Tariff Act of 1832)。

新律中重要之修改，大致如下：麻之進口稅減少三分之一，鐵之進口稅減輕大部。對於羊毛稅，亦有大變動，凡羊毛之價賤者，進口概予免稅，毛織物之價貴者，則納從價稅百分之五，絨線物品原須納進口稅值百抽二十五者，今改爲值百抽十，又免稅貨物亦自四十九件增加至一百八十件，茶及咖啡之由美船輸運入口者，亦予免稅。此種徹底之改動，殊爲他國所罕覯也。

次年國會又通過所謂和解關稅律者(Compromise Act)，蓋專在調停南北兩方之衝突也。美國政界鉅子克雷(Clay)主張極端之保護政策，爲保護政策派之領袖，而卡爾閔(Calhoun)則主張自由貿易，爲南部諸省之代表，主張將所有進口稅率一律減至値百抽十五乃至二十，雙方爭持不已，此律卽圖調停雙方之爭執，自政治方面觀之不無成效，若自經濟方面立論，則殊無價値可言也。

第三節　南北戰爭以前之商業政策

和解關稅律通過之後八年之內，未嘗有所更動，然在是期內美國自趨向於自由貿易之途；是時美國商業雖漸臻繁盛，顧以政府商業政策不合之故，而政府財政亦一誤再誤，不可收拾，致使全國經濟界陷於恐慌狀況。在一八三五年至一八三六年間貿易雖形發達，國家初未嘗受其實惠也。

一八四一年冬，美國經濟界益見凋敝，工商業中人困苦殊甚，即以銀行一端而言，一年內倒閉者竟達五六十家之多，政府遂欲藉關稅收入以蘇民困，爰於一八四二年六月通過新關稅律（Tariff Act of 1842），此律全由美國民主黨（Whig Party）主動，該黨向主保護政策，故此新稅亦帶有此項色彩甚濃，內容以一八三二年所通過者爲根據，惟將棉織物玻璃及賤價之羊毛等物之稅率一體加增，毛織品及羊毛皮革等物之進口稅則稍稍減輕，但於人工製造品方面則稅率略有增高。

此新稅則在實施方面，頗屬有效，一方使製造界得定奪其工業之進行方針，尤以棉鐵二業爲甚；一方又能增加政府收入，使國庫充裕，故一八四四年六月，美國財政，已略有贏餘矣。

然歷時未久，此稅則又經更改，一八四四年十一月，又值總統選舉之期，其結果民主黨之樸爾克（Polk）當選；該黨分子以贊成保護政策居多，而樸氏則獨否，故其在國會第一次宣言，即謂國會對於關稅之規劃，當以國家收入爲前提，次年十二月，財政總長華革（Walker）撰關稅報告，陳諸國會，詳述自由貿易之利益，文中先述美國憲法與關稅之關係，繼從經濟方面討論其得失，以爲現今關稅之缺點，在使人工製造品之價格抬高，致農民之消費擔負太重，同時足使美國農產品在國外市場之勢力消喪，苟能將稅率減低，則農產品之價格減低，輸出必多，而農民之利溥矣。故國會應另訂一「祇爲收入」之關稅，一切從量稅盡行取消，而以從價稅代之，至於一切奢侈品則應科以重稅云。

國會對此建設未經爭辯，卽加採納，於一八四六年通過新關稅律（Tariff Act of 1846）；最低率與從量稅完全廢止，將一切貨物分類列表，稅率自值百抽五至值百抽四十爲度，其中酒精與白蘭地之稅率最高，茶、咖啡、銅、鐵及鐵製品得免稅，進口毛織物則須依價納稅百分之三十，革製物及玻璃之稅率與之同，棉織物則納從價稅百分之二十五，他物稅率，亦多減輕，故比較一八四二年之稅律所規定者，減低多矣。

此稅律施行十一年，未曾有所更動，是時美國人口激增，物質之進步亦速，工廠制度粗具規模，農業界及製造界之出產品，亦日臻豐富，例如一八四〇年，美國共產麥八十五兆蒲

(hectolitre)之多，二十年後之產額則增加逾倍，棉花之產額在一八四〇年，爲一兆三十萬八千捆(bales)，十年後，達二兆十三萬七千捆，至一八六一年則達四兆四百九十一萬捆。

至於人工製造品則據政府之統計，在一八五〇年，美國全國之產額其總價值爲十萬萬又一千九百萬元美金，一八六〇年增加至十八萬萬〇八百萬之美金，其進步可謂速矣。

至其國際貿易之擴張，進步亦速，茲將一八四七年至一八五七年美國貿易之統計，列表如下。（以一兆鎊爲單位）

年份	入口貨總數	出口貨總數
一八四七	二五·五	三二·七
一八四八	三〇·五	二八·八
一八四九	二九·四	二九·二
一八五〇	三六·一	三〇·一

一八五一	四三·九	三九·四
一八五二	四三·二	三四·八
一八五三	五四·九	四二·四
一八五四	六二·〇	四九·四
一八五五	五三·七	四五·六
一八五六	六四·七	五八·六
一八五七	七二·六	六一·二

由上表以觀，可知自一八五〇年始，美國之國際貿易有入超之趨向，故歲須輸送大批現金出口，以事清償。其現金則得之於加利福尼(California)省新發現之金礦。一八四八年出礦之現金共值十兆元；次年增至四十兆元；至一八五三年則其數爲六十四兆元！

美國之經濟界何以進步若斯之速，其與一八四六年之關稅律有何關係，乃爲吾人所頗欲知者。對於此點，論者各異，贊成自由貿易者，謂其經濟界所以得有如此進步，皆爲稅率減低之功；主張保護政策者，則謂經濟進步，與稅率並無關係。此二說均偏而失當，吾人苟以無主義之眼光觀察之，則美國其時已屬經濟成熟之時，一切固有之天然利源，皆在開發中，故不論政府採用何種政策，其經濟發展則一也。

第四節　租稅問題與商業政策

新稅律通過後，十一年中，民主黨領袖塔雷（Taylor）及菲爾穆（Fillmore）二人，曾屢次提議增加進口稅率，但均未爲人注意，當時稅率雖有更改，然皆與二人主張相反。一八五七年又通過新關稅律（Tariff Act of 1857）。舉十一年前所定之一切稅率，概行減少百分之二十至二十五，其稅率之低，爲前所未有，免稅貨物之種類亦增多，加入原料多種。如賤價之羊毛等是，此律通過後，美國忽發生金融恐慌，一般政客，多以此爲新稅律咎，誠自由貿易派之不幸也。

蓋當一八五七年時美國已經過悠長之茂盛時代，投機事業盛行，賣空買空，任意操縱，以搗亂市面，致股票價格跌落，金融發生恐慌，受其影響最大者，首推商人及銀行家，製造界則次之。至是消費品之入口量猝減，其總價值自九六一五兆鎊（一八五六年至一八五七年）減至五〇一六兆鎊（一八五七至一八五八年），關稅收入因亦減少三分之一，政府財政，遂見窘絀，雖迭借外債，以事補救，然仍不足以彌補其不足也。

政府爲求收入增加起見，不得不恢復前持之保護政策，然因各政黨之干涉，不能立時釐訂新稅則，直至一八五九至一八六〇年間，衆議院始將新稅律通過，是爲一八六一年之新稅律（Tariff Act of 1861 一名莫律爾律 Morrill Act），其內容爲一極端之保護關稅。該律之特點，爲增加鋼鐵及毛織物之稅率，鋼鐵品之稅率，在一八五七年時，爲值百抽二十四，今則改科從量稅。至羊毛與毛織物，則情形較爲複雜，羊毛之價在每磅一角六分以下者，其稅率爲值百抽三，價格在一角八分至二角四分者，則值百抽五，其價更昂者，則值百抽九，毛織物與其他貨品之稅率，則以一角五分至二角五分爲度，尚有多數貨物，在昔科收從價稅者，今皆改徵從量稅，其稅率皆較前爲高。

此律施行未久，而南北戰爭發生，政府爲籌備軍費起見，乃採用新政策，以增加收入，而應急用，遂於一八六一年八月及十二月，頒佈新稅則，凡各種原來免稅之貨物皆增課進口稅，而對茶咖啡糖、麻皮、橡皮、絲香料等物，則將其稅率提高，土產稅亦大形擴張，一八六二年之稅律 (Tariff Act of 1862) 實完全應時代之需，此項更張，雖似過分，但爲適應特殊環境起見，固亦出之於無奈也。同時政府復通過一內國稅律 (Internal Revenue Act) 使國民担負猝行增加，一八六四年又通過一新稅律 (Tariff Act of 1864) 其關稅稅率之重，爲向所未覯；其目的一方在增加政府歲入，一方欲藉此以抵代土產稅，以減輕人民之担負也。故經濟學家蹈雪格氏於其所著之美國關稅史一書中曰：「此次戰爭，給一般政客以一極佳之機會，使彼等平素極端信仰之保護政策，得於此時毅然實現」云。(Taussig: Tariff History of the United States, page 167)。

此關稅率對於美國後來之商業政策，影響殊深。美國大經濟家塞利格曼 (E. R. A.

Seligman）及梅夏斯密斯（Mayo-Smith）二人曾在 Die Handelspolitik der wichtigern Kultur staaten 一書中論之曰「一八六四年之新關稅，爲今日稅制之根據，在南北戰爭時期中，美國政府以亟於內事，故深閉固拒，不與他國交往，然自此以後，此保護政策，乃永爲美國國際商業標鵠，戰時所暫採之辦法，竟成爲美國永久之商業政策，亦異事也。

南北戰爭之結果，北部所受之損失頗多，而南部之情形尤爲惡劣，中央政府負債累累，一時無由清償，不兌現之紙幣充斥市面，其價格亦暴跌，南方諸省向以黑奴任事者，今乃不得不出資雇用之。故是時美政府之急務，即爲如何解決財政困難是也。

然是時之國會並不立即建議更改關稅，其所以然者，蓋有三因：（一）當時國會中人，亦努力於政治方面之角逐，無暇及此，總統傑克遜（Andrew Jackson）才力平庸，即處理一切政治問題，已大費周章，屢與國會衝突，益無餘力及此；（二）政府對於各項國內之稅，圖加整理，尤著眼於所得稅，蓋人民對於此項稅則，攻擊至烈，故戰後政府急謀取消之，自一八六七年至一八七二年之數年中，此項賦稅，大半廢革，故政府收入大減，勢不得不以關稅爲挹注，而關稅稅率乃因種種關係，不能有所改革，蓋以準備紙幣之兌現，及清償外債，尤非維持其原有之進口稅不可；（三）一部份之製造家以爲在戰時由保護關稅所培養而成之工業基本淺薄，若驟行將稅率改低，則外貨流入以相競爭，則美人必處失敗之境而發生工業危險。因此之因，稅率一時遂不得更改。

其後美國人民漸悟關稅之不良影響，有根本改革之必要，美政府之特派歲收委員威爾士（Wells）首倡改革之議，餘人從之，遂於一八七〇年釐定新關稅律（Tariff Act of 1870）。但其中減稅之貨物，以昔日未經保護者爲多，如茶，咖啡，可可茶、糖，香料，酒等物是免稅貨物之數目亦加多：包括原料及食品多種，餘如蔴，大理石，鋼釘，鎳各物之進口稅，反增加不少，故其結果，並不甚佳。

南部農民是時多贊成自由貿易，且因國會之一切設施，專著眼於製造界，殊欠公平，故羣起非難，即向持保護政策之政客，亦不復堅持其主張，而欲恢復一八七〇年之商業政策；遂於一八七二年通過一案，舉凡棉織物，毛織物，玻璃，革製物之稅率，均行減低，煤鋼二物之稅率亦減去大部茶與咖啡定爲免稅品，此稅律雖有多項之改動，然保護之色彩，則仍濃厚也。

一八七三年時，美國商業驟呈恐慌之象，進口貨數量大跌，政府之收入亦爲之銳減。於是朝野震動，亟籌補救之道，一八七〇年至一八七五年，美國之貿易狀況，可列表如左。（表中一八七二至一八七三年爲價格飛漲時期，數目均以一兆鎊爲單位。）

年份至六月三十日止	進口貨		出口貨	
	總數	製造品及半製造品	總數	製造品及半製造品
一八七〇年	八八·八	四七·四	七八·五	一四·六
一八七一年	一〇四·二	五七·四	八九·三	一八·六
一八七二年	一一六·八	六七·八	八九·三	一八·〇
一八七三年	一三八·二	六八·五	一〇五·二	二一·〇

一八七四年	一一八・二	五五・一	一一八・六	二二・三
一八七五年	一〇九・六	五〇・三	一〇四・二	二二・二

政府收入既微，岌亟謀生財之道，而主張保護政策者，乃益爲思動，民主黨遂乘時崛起，於一八七五年通過一新關稅律（Tariff Act of 1875）其內容將南北戰爭時所訂之極高稅率恢復，自由貿易政策，於爲廢止。

第五節　關稅制度之紛亂情形

一八七五年之關稅律通過後七八年內美國國內工商業漸形恢復，至一八七九年，綠背紙幣開始兌現；南部各省發展其新經濟狀況，製造界方面，頗爲發達。國外貿易亦蒸蒸日上，一八八〇年至一八八一年時，出口貨驟增，尤以農產品爲多，進口貨方面，亦有進步，故是時美國財庫，乃有贏餘，茲將其統計如下：（以一兆磅爲單立。）

年份至六月三十日止	進口貨 總數	進口貨 製造品及半製造品	出口貨 總數	出口貨 製造品及半製造品
一八七六年	九六·八	四一·○	一○九·五	二二·一
一八七七年	九一·六	三六·三	一二二·八	三○·○
一八七八年	九一·三	三五·七	一四一·八	二九·○
一八七九年	九一·五	三七·五	一四五·五	二七·八
一八八○年	一三○·七	六四·○	一七一·七	二五·四
一八八一年	一三五·五	六○·七	一八四·二	二八·二
一八八二年	一四九·二	七○·三	一五二·八	三三·七

美國商業境況既形進步，保護主義乃失其效用，一八八二年國會指定一委員會專行調查農業商業製造業及礦業之各種問題，而尤注意於現行之關稅制度。

其中委員初非主張自由貿易者，然其報告中，謂有多數稅率亟宜減低，一以合經濟學原理，二以孚民望，遂於一八八三年定新關稅律(Tariff Act of 1883)。

此稅律中有多種之稅率，均行減低，羊毛稅原係從量與從價二者綜合而成者，今將從價稅取消，專科從量稅，賤價棉織物進口稅減低百分之五十，絲之從價稅祇減百分之十六，鐵塊之稅率減少不多，每噸稅額自七元減至六元七角二分而已，鋼鐵之稅率則減低百分之四十。

此項更改，殊不足以饜自由貿易者之希望，況其中復多不妥處，足以引起人民之反響，故其效果實無足述。一八八二年至一八八三年間，美政府所收入之全部關稅，約合進口貨總價值百分之四十二·四五，次年則為百分之四十一·六一，較前數年無大進展，自是而後，人民以近年來稅率屢經更改，未免煩瑣，乃置之不問，此問題一時遂歸沉寂，要言之，美國此期之國際商業政策缺乏定規，無進步可言也。

一八九〇年後美之工商業發達殊速，人口增多，農業盛興，鐵道延長，皆有長足千里之勢此項情形不特中北部如此卽南部亦然惟航業方面則呈退化之象至是而國際商業政策，忽又一變。

第六節　新保護政策及麥荊來稅律

十九世紀末美國之經濟狀況，旣大形進步，主張保護政策者，自不能再藉口於「保護幼稚工業」以提倡高稅率，於是彼等遂擬新理論以擁護其原來之主張。此項新理論，純以本國市場及國家自足之說爲根據；美經濟學家柏登(S. N. Patten)於其所著之保護政策之經濟根據 (Economic Basis of Protection) 云：(見原書第十五頁)

『今日國家之進步，繫乎國內富源之發展，而不在外界貿易之繁盛，故國家當局之政策，當以培養本國之勞働能力爲歸，若世界各國，但能充分利用此勞働力，以開發其本國富源，則世界上工業之進步，殊屬易易。』又云：

『保護政策初非爲一時之救急方法，彼實能使社會進步，而處於活動之境况；故此項政策，將來定可成爲永久之政策，蓋非此則一國之生產量不能增加，而其國民亦將不能與其所處之環境適應也。』

此種言論，頗足以代表當時美國一般主張保護政策者之意見。其時美國政客中之傾向於保護主義者，亦每謂以美國工資甚高之工人，與低工資之歐洲工人相爭競，必恆處於不利之地位，政府理應與以相當之保護，保護之方法，不在排斥歐洲貨物，而在提高關稅稅率，增高外貨價格，以維本國貨之銷路，則國內之勞働者，庶不致有失業之虞。

此種理論，在一八三〇年左右，已有人提及，然其力量尚微，至一八九〇年，美國理財委員會主席麥荊來 (Mckinley) 氏提出新關稅議案，經總統批准，於十月間實施，其最足令人注意者，卽爲關稅之保護性質施及農業階級，蓋以前之稅律多以製造界之利益爲前提，輒犧牲及農業界之利益，而此次之新商業政策，卽求所以消弭此項不均平之點，此律將大麥之稅率，自每諳一角增至每諳三角，雀麥之稅率自一角增至一角半，馬鈴薯之稅率自一角半加至二角半，乾草每噸之稅率自二元增至四元，昔日免稅之鷄蛋及蘋果，今亦科以值百抽五及値百抽二十五之新稅，雪茄所用之煙草在美祇康耐的克省(Connecticut)一處出產，故平時所用多運自蘇門答臘(Sumatra)其入口稅率每磅原爲七角五分，今增至二元，麻非美國之產物，其進口稅亦增高多多。

美國在一八九〇年左右，出產之鐵塊及鋼，其數量已超過英國之產額；煤一項其產額亦駸駸乎有與英國齊驅之勢，至是美國之製造界已能控制本國市場，不畏外人之爭競，政府遂將鋼釘每噸之進口稅減至十三元四角四分，又爲振興本國造船業起見，凡一切製造船隻之原料，咸得減稅運入。

馬口鐵一物，美國原無出產，但近年來因製造鐵罐業之發達，輸運入口者爲數頗鉅，此次將其稅率增加，每磅之稅率自一分增至二分半，但稅律中規定苟至一八九〇年本國此項工業已屆成熟，則須將此項稅率撤消云此項規定，效果頗佳，自一八八七年至一八九〇年間，美國所用之馬口鐵，輸入全由外國，其進口量平均每年爲四兆餘磅，自一八九八年至一九〇一年，其進口量減至八十萬七千磅，而美國本土之出產量，則平均爲三十四萬七千嘞，其數頗鉅，由此可知保護政策實可振興一國之幼稚工業，故非絕對無價值者也。

麥荊來稅律，對於美國關稅改革最大之處，厥惟糖稅。在先每糖一磅，須納稅一分半至三分半，其率甚高，政府收入之款殊鉅（自一八八五年至一八九九年政府由糖所得之稅每年平均有十一兆鎊。）故頗有人主張將該稅減輕，麥荊來稅律，將粗糖之進口稅完全取消，精糖則每磅納稅美金半分，同時政府於國內產糖之區，加以津貼，以為鼓勵，其結果雖使國家收入減少，但糖之出產額則增加頗多。

麥荊來稅律之內容，較以前各種稅則，複雜多多，於是美國海關須另行組織以適應之，故一八九〇年六月國會通過海關管理法令 (Customs Administrative Act) 今仍繼續有效焉。凡外商運貨入美境者，須呈驗貨單，載明其貨之出產地，起運時及出售者，及貨之價格，並須經美國在外領事之簽字，方為有效，再由海關估值員 (appraiser)，估定貨價以科稅，苟估值員之估價，遠超出於貨單上所載明者，則課謊報之進口商以加倍之罰稅

此種手續，為採用從價稅之必須辦法，至屬煩瑣，為求手續簡單起見，各國多採取從量

稅。按從價稅之優點，在使稅額依物價為準，雖缺乏貿易經驗之人，亦能按價徵稅；從量稅則否，非專家無由確定稅額，而稅率表又須時常更換，尤為不便。當十九世紀之末，歐洲各國關稅，以採用從量稅者為多，歐洲以外各國，則多仿效美國辦法。

第七節　互惠問題

麥荊來稅律通過後，頗引起各方之反響，其時主張保護政策之政黨勢力已衰，而參衆兩院，又因商業政策意見之不合，時起爭執，經長期之論辯，遂通過一新稅律，名為威爾遜稅律（Wilson Tariff Act）自一八九四年實行，即（Tariff Act of 1894）也。此稅率對舊制變動頗多，免稅之貨物，逐漸增加，凡化學品、銅、咖啡及各種農產品等均在其中。凡麥荊來稅律所定之煉鐵及鐵條之進口稅率，悉減低百分之七十五，至於糖、糖漿、麥酒等物之稅率，則略有增益。

此律之特點，即羊毛及毛織物稅率之更改是也。羊毛之進口稅取消，毛線及絨線之稅率固減低，政府之意原欲將一切原料之進口稅概行取消，究以兩院之反對而未果，美總統政黨及人民，對此新律，咸覺不滿，故僅逾三年而新稅律又出現。

一八九七年之新稅律（Tariff Act of 1897）。亦曰定雷律（Dingley Tariff）其所訂定之稅率至高，有多數免稅之原料，今皆復課重稅，尤以羊毛之稅率爲最高，絲、棉、磁器，諸物之稅率，亦均有增加，國內製造界雖起反對，顧以政治關係，政府毅然付之實施，惟管理方面，則因辦法之改變，又形複雜。

威爾遜及定雷兩稅律之影響，並不重大，是時美國與他國之商業往來日益繁賾，當一八四四年時，美國有人建議參加德之關稅同盟會（German Zollverein）訂立商業條約，以參議院反對而罷。至一八五四年乃與英訂定商約，期限十年，規定二國運送農產品入境，一律免稅，然不久美國以財用不足，及他種政治關係，自動取消此約，其後兩國雖曾建議恢復此項互惠辦法，然因種種關係，歷久未成，此外美國更與墨西哥（Mexico）等國磋商締約，但以參議院之反對，悉未成功。

一八九〇年，美國朝野漸悟此種商業聯絡之重要，國務卿勃蘭（Blaine）於一八八九年曾在美都華盛頓召集南北美諸國代表開全美大會討論是事（Pan-American Congress）。列席者凡十八國，（美國在內）對於美洲關稅同盟一事，多所討論，多數代表之意見，均以爲大規模之結合，如德國所擬辦之關稅同盟，在政治及經濟方面均不能辦到，若完全廢止關稅，亦祇能懸爲理想，因各國均依賴關稅收入以支付軍政諸費，故一時不能驟改也。有人建議者列席各國，彼此訂立互惠條約，將關稅減輕，誠屬可能，然此項提議亦未能通過，因智利（Chile）及阿根廷（Argentina）謂美國苟不將其保護關稅完全廢止；則互惠一事，絕對不可能云。

然勃蘭氏初不因主張之挫折而灰心，遂用他法以達其締結條約之目的，設法在麥荊來關稅律中，加入「凡他國有以不平等或無理之進口稅，課斂於美國之農產品及其他人工製造品者，則美國對該國輸送進口之糖，糖漿，咖啡，茶，皮等物，亦課以報復性質之進口稅」一條，（按糖等物原係免稅）其後美國與巴西，西班牙，古巴（Cuba）等八九國訂約成功，其結果則美國大受其益，對於美之麥麵粉，羊肉，農業及礦業機器，煤，鐵道材料等物之進口，概行免稅，古巴則豁免計三十九種美貨之進口稅，餘物均課以值百抽二十五至五十之從價稅，又因德及奧匈(Oustria-Hungary)之糖盛銷各國，故美政府亦與之訂立協定，以維持其本國之糖業，德國在昔禁止美之肉食品入境，至是乃取消此禁令，然一八九四年後，此種互惠商約又歸失敗，因美政府又施行極高之稅率也。

關於互惠之規定，在定需稅律中，計有兩項：第一項爲總統爲報答他國之優待起見，得有權減少幾項特殊物品之稅率，如酒精，白蘭地，香檳，及他種酒料等。第二項爲總統有權(惟須經國會之同意)與別國訂定商約，對一切物品之稅率得減少百分之二十，此項特權，因國會之牽制，應用之時頗少，故無大效力。

自是而後，美國迭與各國訂定商約，一八九八年與法訂約，一九〇〇年與葡萄牙訂約，一九〇八年與德及意大利訂約，其後更與瑞士，西班牙，保加利亞(Bulgaria)及荷蘭等國訂約。此項商約，均爲互惠性質，如法國特訂一農產品進口之最低率，意大利亦將其機器及數項原料之進口稅減低，其他各國，亦有種種之互惠表示，惟其範圍至狹，故效力不大。

定雷律之實施凡十二年，始行廢止，其所以歷久不改者，全賴政治及經濟之關係。蓋在二十世紀初葉，保護政策派重復得勢，羣以工業利益爲前提，反對修改關稅，且自一八九七年之後，國民對於稅率更改，亦覺其煩瑣而有反對之傾向，而美國工商業又極發達，故均以爲舊律無大弊病，可無須修正，此律遂能延長至十二年之久，亦可謂幸矣。

第八節　一九〇九年之關稅律

一九〇八年十一月，又屆總統選舉之期，候選者遂以關稅問題作爲講題，以引起國人之同情，而期獲選。是時美國工業狀況，適有劇烈之變化，人民之生活程度日高，政府需款尤般，乃謀於關稅方面增加收入。總統候補者羅斯福 (Roosevelt)，塔夫脫 (Taft) 皆主張另定新稅律，選舉之結果，塔氏當選，下車伊始，卽以解決關稅問題爲己任。

以前美之商業政策，處處以保護勞工利益爲前提，藉高稅以均平外來物價，以維持本國貨物之銷場。一九〇一年羅氏於議會力主此說，然是時有所謂「生產費用論」（Cost of Production）者風行一時，其原理與舊說大致相同，惟注意於生產費用耳。理財委員會主席不納（Payne）氏所撰之報告，即以此說爲根據，論美國商業是否因受保護而得較多之贏利；據其調養之結果則美國商界中贊成增加稅率者固居多數，而反對修改者亦不乏人，惟因後者少有力之組織及宣傳，故其勢較弱。

不氏之建議經三四月之討論後，始得通過，即不納議案（Payne Bill）是也。其內容以「增加收入均平稅率，振興美國工業」爲大旨，主張對下列二類貨物之進口稅提高：（一）飲料如茶及可可等，（二）零星物件如手套、鎳檸檬葡萄等，此外規定木料之稅率，減去一半，鐵塊，煤及農業機器一概免稅，但以由坎拿大等數地運入者爲限。

此外更製定最高及最低關稅，凡世界各國對美國出產品之進口稅率低者，則美國亦以最低稅率應用於該國貨之運入美國者，至最高稅率（值百抽二十）則專施用於苛征美貨進口稅之國家，從事報復。

此議案更規定美及菲律賓之互惠條文，惟互惠之貨物，祇限於糖及煙草雪茄等，關於美菲間互惠事宜，雙方皆表同意，惟所定之稅率，則頗引起各界人士之反對。一切消費者對於棉茶二物之稅率提高，均加反對，關於生產者方面，則美國西北各省，對於木料進口稅之減低，深不謂然，而西部諸省，則又以金屬物品進口稅之減輕為非，即在衆議院中，各人論調亦多不一。

於是國會對此議案又加修改，原擬增添之茶稅取消，可可之進口稅率酌予減低，同時參議院議員另行組織財政委員會，提出議案以求通過。此新提案與丕納議案出入之點頗多，如鐵塊及麻，均須課稅，鉛類製造品之稅率，提高甚鉅，可可等飲料，則又定為免稅品，此外對於最高率及最低率之規定及應用，亦多更變，主張最高率以最低率加物價之百分之二十五為度，此新提案經兩院之通過，於一九一〇年四月一日實施。

參議院及衆議院遂各派代表會同商酌，於一九〇九年八月，協訂一新稅律（Tariff Act of 1909）經國會頒佈施行，此新稅律之特點甚多，茲舉其大者如下：

（一）最高及最低稅率之施用於任何國，由總統個人定奪，可無得國會之同意。

（二）美菲訂定互惠辦法，惟米，糖、雪茄等物不在互惠之列。

（三）貨物另行分類，稅率亦加更動，關於糖，麻、煙草、酒、農產品等物之稅率，多仍其舊。鐵塊，鋼釘及鋼鐵所製之物品，其進口稅率，均行減低。他若化學品玻璃，耐火磚，木料，印刷紙，皮革物，石油等，均定爲免稅品。水門汀，賤價絲織品，玻璃器，棉、雀麥等物之進口稅率，則略加增高。

（四）凡一切用以造船之物品，均得免稅進口。惟須有明確之保證。

（五）輸送進口之貨物，如由他國商船載送而來者，則於例稅外，更須納值百抽十之從價稅。

（六）一八九〇年，美政府曾訂有關稅管理律（Customs Administrative Act）至此乃與新稅律合併，其中最重要之點，爲關稅法庭之設立，以解決因納稅而起之一切國際糾紛。

美總統爲求全起見，特指派委員多人，調查各國商業狀況，以決定何國得享受美國之最低稅率，調查結果，則世界各國俱能享受此權利。

然其中亦有困難發生，今分述如下：

（一）德國在先已有最低稅率，惟美商殊未能十分享受此項權利，例如由美運肉品入德境，須經極嚴之檢查，因之輒發生障礙。至一九一〇年，兩國訂商業互惠條約，檢查卽行廢止，翌年因美國對坎拿大紙及木塊之進口稅率，特別減低，較與德國約定者低，於是德國亦將美貨進口稅率提高，以爲報復。

（二）法國對於新稅律之規定，頗示不滿，尤以關於絲織品者爲甚；法人主張提高本國稅率，以爲報復，但屢經磋商，法國頗爲讓步，兩國交誼，得以不破裂，亦云幸矣。

（三）坎拿大關稅向分三種，第一種專用於英國貨物之進口者，其率最低；第二種其率較高，爲法國貨物而設；第三種稅率最高，應用於美及其他各國。二十世紀初葉，美國盡力向世界各國爲經濟上之發展，坎拿大乃其絕好之市場，顧以關稅之扞格，發展較緩，遂於一九一〇年與坎拿大當局磋商，協定美貨十三種運入坎拿大，得依第二種稅率科稅，坎拿大如運是項物品入美，亦得享受最低稅率。當時坎拿大人民以爲此種協定，有辱國體，反對甚力，然率於次年付之實行。

就比較而論，此新稅律較以前二種和平多多，保護政策之色彩，雖猶存在，但已至爲淡薄矣。

第九節　歐戰前之美國商業政策

一九〇七年，美國金融界發生恐慌，入口貨物在一九〇九年其量大跌，工業製造品之出口，亦驟形減少，直至一九一〇年尚未完全恢復。此數年中美之國際貿易大受損失。

是時巴拿馬運河(Panama Canal)開濬竣功。一九一二年八日，國會遂通過巴拿馬運河律(Panama Canal Act)，內容論及運河區域之管理權，並責成總統製定通行稅則，凡行經該運河之船艦，咸須納一定之通行稅，而美之船艦則不在此例，至於通行稅率之高下，依船之噸數與費用而定。惟英國船舶，則因海邦塞福條約 (Hay-Pauncefate) 之約定得例外免稅。蓋此約中有一款云：「運河對於世界各國之船艦，須給予自由航行之便宜。」英政府遂藉此款文，謂其中所指之「各國」，英國當亦在內，故英國商船倘使用該運河時，當與美船同其待遇。美政府則以是項通行稅之征收，用意在補助美航業，是項補助辦法，在約中固未加禁止，故英國不得藉此而欲與美艦同其待遇。

英之復牒，聲明對於美國補助其本國商船之辦法，並無干涉之意；但英商所收的額外擔負，有背平等精神，故必須加以矯正。雙方爭執頗久，至欲藉仲裁以斷之。美國國會知此事之重要，遂於一九一四年六月，正式修改其運河稅則，取消美船所享之特殊權利，兩國之爭執始已。一九一五年衆議院組織一財務委員會，以恩德賀 (Underwood) 爲主席，調查國內財政情形，製定新議案，經總統之採擇，至十月此新稅律乃得通過 (Tariff Act of 1913)。

此新律對於舊制更動頗多，最高及最低稅率定全廢止，惟由美船輸送入境之貨物，仍得減稅百分之五。貨物亦重加分類，減低稅率之貨物甚多，例如羊毛及毛織物二項，依一九

○九年之稅律，羊毛之稅率爲値百抽四十一，毛線及其他物品之稅率，爲値百抽三十五至六十六，此外更須抽相當之從量稅，在此新律中，則羊毛完全免稅，毛線與織物之稅率，亦大行減低，其額外之從量稅，則歸廢止。棉織物則簡其分類，而科以簡單之從價稅，棉線之稅率爲値百抽五至二十五，絲織品之稅率亦略行減低，鐵塊，鏡鐵，煉鐵，鋼釘，農業機器，縫織機器等物之進口稅，全行廢止；蓋美人深信其工業之基礎已極鞏固，雖無關稅保護，亦可無虞。木材等物，則以値百抽十之從價稅，替代原有之從量稅，糖之稅率，亦有更改，在先每磅之稅率爲値百抽一又三分之二，今則改爲値百抽一又四分之一，此外相類之更改，不勝縷述。

就管理方面而言，亦多改動之處，蓋是時完全採用從價稅，故估價及防止作弊二端，爲當前之急務，更爲防止外商拒驗其貨物起見，規定凡有是項行爲者，於例稅之外，加科百分之十五從價稅，以爲懲戒。

一九一三年稅律之內容大致如上，其一切規定，多不挾保護色彩，可知美國工業，是時已極發達，不至懼外商之競爭矣。惟次年即値歐戰，各大國相率捲入漩渦，即美國亦然，致世界國際貿易一落千丈故此新律之効果如何，殊未可言也。

第十節　最近美國商業政策之趨勢

一九一四年，歐戰發生，世界各大強國，相率加入，擾擾攘攘，疲於金革，致國際貿易，大受影響。當大戰開始時，美國高拱觀戰，初不關心；其後英國實行封鎖政策 (blockade policy)，致美國對德奧之商業，頗受損失，嘖有煩言，又因威爾遜之倡導，美人奮袂而起，加入英國方面作戰，故對上項損失，亦恝然置之矣。

迨大戰告終，世事變動，美遂於一九二二年通過新稅律 (Tariff Act, 1922)，在新稅律通過之上年，曾有緊急法令之頒佈 (Emorgoncy Act) 專以應付因戰事而發生之各種商業問題。

此一九二二年之新稅律，完全以保護爲目的，一切農產品之稅率，均行提高，尤以牛羊、棉花，麥、牛油等物之稅率爲甚；須納稅之貨物，增至一千六百九十種，而其稅率之高，尤爲前所未有。

美國之工商業發展雖遲，但其進步至速，歐戰中又獲利至溥，遂得世界第一富國之譽。在昔美國本國之消費品多仰給於歐洲各國，至是美之製造業驟行發達，非徒自給已足，轉有餘額運至歐洲，故向者美藉歐貨以資用，今則歐洲各國轉惟美國是賴矣。一九一四年美國出口貨之總價値爲一、八九三、九二六、〇〇〇美金，一九二四年增至三、六一〇、五五二、〇〇〇美金；至於輸入方面亦有增無減，一九二四年之輸入品總價値爲一、〇九六、〇〇〇、〇〇〇美金，至十年前則其數僅爲八九六、〇〇〇、〇〇〇美金，爲期不過十載，而相差之巨如此，誠足駭人聽聞矣。

美國在遠東之商業勢力，向在英德之下，至是乃有長足之發展，取英德之地位而代之，蓋是時歐洲各國疲於戰爭，其經濟界凋弊已甚，亟須修補，遂無暇顧及遠地之貿易，美國乃乘時崛起，努力經營遠東之貿易，在一九一四年亞洲貨物之輸入美國者共値二八四、〇〇〇、〇〇〇美金，至一九二四年增至九三一、〇〇〇、〇〇〇美金；美貨之運至亞洲者，在一九一四年共值一一三、〇〇〇、〇〇〇美金，至一九二四年增至五一四、〇〇〇、〇〇〇美金，進步可謂速矣。

數年前日本地震爲災，損失極鉅，一切建築，多歸燬滅，遂努力於重興之工作，其所需之一切原料及機器等，多取給於美國；祇鋼鐵一項，據統計家調查所得，歷年由美運至日本者，其數佔美國總產額百分之二十六，誠可謂多矣！至其製造品則盛銷於我國及其他農業國。

由此觀之，美國對亞洲之貿易，日盛一日，遠非歐洲各國所可比擬，故將來之亞洲市場，恐將一美國爲其霸王矣。

第四章　法國之商業政策

第一節　一七八九年至一八二〇年之法國商業政策

法國一七八九年之大革命，根本推翻舊制而予該國以革新之機會，其先國中王家貴族，肆爲暴政，國內各省恆科由他省輸入之貨以重稅，政府更嚴禁國中人民將貨物轉售他處，因之國內貿易無由發展。革命後陳腐皆去，枯弊一空，一九九〇年內國通行稅與各種內地關稅，概行廢止，次年又劃一關稅制度，其所定稅率甚爲公允，一切稅率約在値百抽五至十五之間，原料中之皮革，羊毛，麻葛，鐵以及穀類等物，均爲免稅品，禁止進口及出口之物品，其數極少，且皆非重要之物。法之商業政策至是乃具規模，其中自由貿易之色彩，至爲濃厚，此外經濟方面之改革，則有佃奴制之取消，租稅方面，亦大加整飭，以平均各階級之擔負。自是而後，法之工商業乃日臻發達。一七九二年戰爭驟起，爲抵制敵國起見，其國際商業政策，乃趨於保護方面，廢棄一七八六年與英國所訂之條約，卽與他國所訂之商約，亦泰半失其効力；一七九三年，法國禁止英國之主要出產品數種進口，是年冬，法政府更嚴禁人民買賣及使用英國貨物，違者處以重罰，但其效甚微，政府遂更進一層，頒令凡發見人民所用之貨物，係英之出品，則立卽充公，然其力仍微，英貨之正式進口量雖形減少，而私運入境者則日益加多，法政府竟無法取締也。

迨拿破崙執政，總攬一切，對英亦取同樣之政策，但因愛門條約（Treaty of Amiens）之束縛，未能將其政策一一實行。一八〇三年五月，英法邦交又歸破裂，二國商業關係，遂愈入紛亂之境，拿氏乃決採激烈手段，以斷絕英國與歐陸各國之商業往來。一八〇六年十一月之柏林法令（Berlin Decree）及一八〇七年及〇八年之密蘭法令（Milan Decree）皆在實行其主張，其內容規定在拿破崙統治下之各國（占歐洲大部）皆不得與英國有任何商業上之來往。英國於是亦宣言封鎖港口，凡船艦之行近本國港口者，概須捕獲充公。

至是組合會議之工作，泰半破壞，至一七九九年法之國際貿易頓成退步之象，拿破崙亟思振興國內工商業，努力經營，不遺餘力，國內情形乃得逐漸恢復，商業亦漸振興，惟工業尚不能恢復其革命前之狀態。一八〇二至一八〇六年內務部總長卻推（Chaptel）竭意整頓，工業乃漸復舊觀，尤以毛織物及棉織物二業之進步爲速；此外則煤及鋼鐵業亦殊發達，道路與運河之改良，尤爲可觀。自一八〇六年以降，此趨勢仍繼續不衰，故拿破崙當國時期，亦可謂法國之工業革命時期，蓋其時法於工業方面實有顯著之進步也。

然此種一時之進步，不可久恃，益以是時投機事業日盛一日，任意操縱，搗亂市面，而金融遂生絕大恐慌。一八一一年，農業又適歉收，市面益劣，拿破崙乃取消其嚴格之大陸制度(continental system)，一八一三年另訂新律，頒發護照，凡法人所需之物品，如棉，煙草，木料等，外商得憑護照輸運進口，惟須納値百抽五十之從價稅，且須輸送相當之法國貨物出口，以爲交換，但此律之頒佈已嫌太遲，而無裨於一切困難情形，亦拿翁之大不幸也。

其後包本氏復辟，情形一變，然法人猶多主張保護政策，以爲禁止他國商品進口，乃國家之任務，而一國消耗品自當由本國之工廠供給之也。故新政府雖洞悉往日保護政策之非，但因民意所趨，僅將稅制略改，數種貨物完全禁止入口，其他貨物之稅率，亦多具保護性質。總之，是時法國之商業政策，力求維持國中主張自由貿易及保護政策二派勢力之均平，但其結果，則其政策竟傾向於保護一面，此可於一八一六年之關稅律（Tariff Act of 1816）見之。

此新稅律之內容，可毋庸細述，即試舉農產品之稅率一端，已足概其餘。農業向為法人所注重，在大革命先，穀物之流通買賣，在禁止之列，一八一四年有人提議，禁止輸送穀物出口，但得自由運輸進口。是年九月，穀價大跌，政府遂將全國分為三區，凡在區內穀價苟跌至每斛（hectolitre）二十三至十九法郎時，得輸送出口，以平其價，二年後此制仍通行，但於進口時，酌收關稅而已。未久農業階級在議會中得勢力，反對此制，遂廢而穀物之進口稅率遂增加多多。

工業方面，亦有相當之保護政策，專以製造界之利益為前提，比農業階級在議會得勢，乃起反對重訂稅率，其保護方面偏重農業界，對於工業界則少加點綴而已。

一八一四年後之法國商業政策，除上述之情形外，尙有特點二，須加注意。一爲法國對於其殖民地之優待，尤以糖稅爲著，歷年法自屬地購入糖數甚鉅，故低其稅率以利國內之消費者；其次爲法與他國所訂之商約，一八二二年，法與美締定商約，其後四年又與英國訂約，是時法政府頗欲藉商業上之互惠，促進本國商業之發展，但爲主張保護政策者所阻撓，未克實行。一八二〇年，美國對於由法船運送進口之貨加科稅額，英亦採同樣手段以對法，是皆爲法之大不利也。

是時法之人民意見，忽多傾向於自由貿易方面，以爲保護政策，不應漫無限制，而政客之操縱，尤屬可惡；法政府鑒此情形，乃指派委員使從事於調查，然其結果，殊乏建設。

綜觀法國自一八一四年至一八三〇年間之國際商業政策，於人於己，兩所不利，誠屬失策，但非完全爲採用保護政策之咎，蓋政客之營私罔公，任意操縱，實足致法國商業之死命也。

第二節　第二帝國時代之商業政策

一八三〇年七月間菲力潑（Louis Philippe）推翻原有之共和政體而即帝位，對關稅制度，頗思修改，以適應世界之貿易趨勢。惟是時法之中等階級，極有勢力，對於本國商業問題，亦特別注意，對菲力潑氏之主張，未予同意，致一時不得實現。於是政府屢與人民疏通，而最早之改革乃得於一八三一年出現，對各港口之貨棧，略加整頓，又以穀物律歷年積弊甚多，分區亦未得宜，內容又時更改，田戶商人，均深以爲苦，政府遂下令廢止之，重頒新令，併四區爲二，以麵包之價值，爲物價指數之標準，而平準之一切規劃，皆極周密，惟因商民反對甚力，不能實現，至是政府乃大形失望。

於是商部總長第埃（Thiers），於一八三四年發表宣言，力陳保護政策之非，以爲法國工業，早已脫離幼稚時代，不當再施是項政策。林若戴氏（Duchâtel）繼任，持此論尤力，指派委員，從事調查，以圖改革，尋因各界之反對，其議遂寢。

一八三八年，將關稅略加修改，對煤、麻、棉等物之進口稅率，均加減低，俄國出產革製品棉線肥皂等物，均得免稅，主張保護政策者頗加非議，遂於一八四一年間，又經修改。

一八三〇年至一八三一年，匈牙利脫離荷蘭而獨立，法乃謀與此新獨立國有所聯絡，然法民則恐締約後，匈貨或將源源入口，致法商於不利，而匈牙利人民因商業關係，影響及其政治之獨立，雙方多存觀望，直至一八四二年始正式締約，法國將鐵煤絲織品之稅率減低，匈牙利則將絲鹽酒之稅率減低，至一八四五年，兩國又協改其故章，一八四三年法更與薩提尼亞(Sardinia)訂約，同時又與他國葉訂商約，但多無關輕重，故可不贅。又欲與英締約，惟以政治上之牽制未成事實。

是時工業進步頗速，運輸方面有多方之改良，政府財政，亦漸臻寬裕，農業亦有適當之進步，即與外商競爭，亦無憚失敗：益以各大貿易中心區人民皆主張改革原行之關稅制度，基龍特地(Gironde)之業製酒者，鼓吹尤力。英國之反穀物律運動，正值劇烈時期；法國受其影響，遂有自由貿易會社之組織，借報紙二種，以鼓吹其廢止保護關稅之政見，農工兩界，咸受其歆動而加以響應。政府鑒於各方之情形，知修改關稅之事，不容或緩，乃著手進行。不幸一八四八年二月革命發生，政治又歸混沌，此事遂無形停頓。

第三節　十九世紀中葉法與他國所訂之商業條約

法之第二次共和 (Second Republic) 爲期至短，卽歸敗亡，故無建設可言。比第三帝國成立，拿破崙第三卽帝位，一切設施，咸具規模，而其商業政策亦發生變動；拿破崙第三深悉英情，於批爾之商業政策，尤所服膺，頗思行之於法；以振興其工商業。益以是時法外交中人，亦多主改良關稅，彼遂乘機進行，制定新稅制，於一八五三年至一八五五年中，陸續頒佈，對煤、鐵、鋼、鐵塊、木棉及他種原料之稅率，均予減低，又以是時物價騰貴，故對牲畜肉酒等物之進口稅率，亦皆減輕，以鼓勵運輸而利民食。造船業所用之一切材料，定爲免稅品，其他細小改革，爲數頗多。一八五六年六月，又向議會建議取消皮革物、錬糖等物之禁止進口律，惟科以值百抽三十至六十之從價稅，此項提議，以工業階級之反對，未得實行。

其後拿破崙第三，集中其注意於意大利獨立戰爭，遂無餘暇以及經濟方面之改革；然其初年之設施，已將原有之關稅制度及商業政策改革多方矣。

法於十九世紀中葉，其對外貿易，頗有進步，其趨勢列表如下：

商品輸出及輸入之統計一八四九年至一八六〇年（以一兆鎊為單位）

年份	進口貨之總價值		出口貨之總價值	
	總額	製造品之總價值	總額	製造品之總價值
一八四九年	二九·〇	一·二	三七·五	二五·九
一八五〇年	三一·六	一·六	四二·七	二九·九
一八五一年	三〇·六	一·六	四六·三	三〇·七
一八五二年	三九·六	二·一	五〇·三	三三·六
一八五三年	四七·八	二·五	六一·七	四一·三

一八五四年	五一·七	二·〇	五六·五	三七·四
一八五五年	六三·八	三·〇	六二·三	四三·二
一八五六年	七九·六	三·四	七五·七	五一·五
一八五七年	七四·九	一·八	七四·六	五一·九
一八五八年	六二·五	一·五	七五·五	四六·五
一八五九年	六五·六	二·五	九〇·七	五六·一
一八六〇年	七五·九	二·四	九一·一	五七·一

迨一八五九年之末，法之地位至爲危險，其與奧國之邦交因法在意大利獨立戰爭中獲得薩服(Savoy)及奈斯(Nice)二地後，引起奧之惡感，乃完全斷絕，其他各國，見法國之勢日張，亦頗致疑懼，而謀傾覆之以杜後患。拿氏見及其地位之孤立，思欲有以解救之，遂欲藉與英國締結商業條約，以釋羣疑，同時兩國之商務當局，亦悟兩國有締約之益，乃開始進

行，惟爲防免反對者之破壞起見，出之於秘密。條約完成後，兩國始各公佈之。拿破崙第三並宣言欲使法之貿易發達，須在解除國際貿易之束縛，而其辦法，惟出於改良關稅制度而已。故彼主張將棉及羊毛之進口稅取消，糖及咖啡之稅率則加以減低，逐漸減少禁止進口之貨物，同時更與他國多締商約，以利貿易之進行云。拿氏既宣佈其國際商業政策後，遂於一八六〇年一月簽定英法商約。

此約僅規定普通辦法方面，至一切瑣項，留待發生困難時由二國隨時酌定，其要旨爲雙方以最惠國柏待，煤在兩國多爲免稅品，質均減輕及廢止多項貨物之稅率，法則將各項禁律取消，而以值百抽三十之從量稅代之，約限十年，期滿後，如經任何一國之請求，得繼續十年。

英之製定之稅率表，由議會通過，須科稅之貨物，自四百十九種，驟改至四十八種，其存留之稅率，亦加減低，例如法國出產之酒，原有之進口稅率，爲每加倫五先令又十辨士，今則改爲一先令至二先令。

法國之稅率，則更改較多，政府特派定委員專行調查本國工商情形，據其所得之結果，以訂定稅率。至該委員之報告大意謂國內各項工業，其發展程度，俱較英國爲次，但儘可與他國商人相競爭而不致失敗，且一經競爭後工業界將奮起爭長，則其進步或轉加速云。於是政府即依之而訂定新稅率，其率甚低，最高者爲金屬物，須付値百抽三十二從價稅，麻棉及羊毛衣等物，僅須付値百抽十五之從價稅，磁器之稅率爲値百抽十，化學物品則値百抽十至十五。

法國當局所以與英訂商約者，原冀以此爲始，俾他國皆步英後塵而與法訂約也。至是其效大奏，歐洲各國皆踵至與法爲商業上之磋商，匈牙利允對由法輸入匈境之酒、絲、革諸物，悉與以特殊之稅率，法則以待英貨之稅率施諸匈貨，以爲報酬，雙方皆以最惠國相待，至與其他各國，悉以英法商業條約爲根據，再依照對方國家之特殊情形而稍加更改，以適應之。

一八六二年與德訂約，德允將法之酒及絲織品之稅率減低；一八六三年法與意亦締結商約，意國特將絲化學物品，玻璃器之進口稅率減低，以惠法商；一八六四年，瑞士亦與德國訂約，允減低酒及化學物品之進口稅率。一八六五年至一八六七年瑞典，那威，西班牙，奥大利，葡萄牙等國相繼與法締結商約，以互惠相待。

同時法又將其關稅，加以修改，多數原料之稅率，悉加減低，或完全取消，如皮，羊毛，棉，染料，苧蔴，煤，化學物品等均是也。前在禁止出口之物品，今亦弛禁，准予出口，本國商人之出口津貼，亦加廢止，要言之，是時法之進口稅，其率極低，而出口稅則已完全廢止矣。

此種根本更改實開法國商業政策之新紀元，其結果爲工商業之進步加速，茲先將國際貿易量列表如後，以與前十年之貿易統計（見前文）相較，即可知其程度矣。

商品之入口與出口統計一八六一年至一八七〇年（以一兆鎊爲單位）

年份	進口貨之總價值		出口貨之總價值	
	總數	製造品之價值	總數	製造品之價值

一八六一年	九七·七	四·五	七七·一	四七·二
一八六二年	八七·九	六·一	八九·九	五四·四
一八六三年	九七·一	五·八	一〇五·七	五九·六
一八六四年	一〇一·一	六·二	一一七·〇	六八·二
一八六五年	一〇五·七	六·九	一二三·五	六七·〇
一八六六年	一一一·七	八·三	一二七·二	六八·六
一八六七年	一二二·六	九·二	一一三·〇	六一·二
一八六八年	一三三·三	九·五	一一七·六	五九·四
一八六九年	一二六·一	一〇·九	一二三·〇	六五·六
一八七〇年	一一四·七	一一·六	一一二·九	五七·〇

右表係法之國際貿易總額，今更分觀各國對法貿易之進步，在一八五七年，由英至輸法境

之貨物，共值一一、三二七、〇〇〇金鎊，次二年稍減，迨一八六〇年，增至一二、七〇一、〇〇〇鎊，一八六一年增至一七、四二七、〇〇〇鎊，一八六六年增至二六、五九七、〇〇〇鎊之鉅。是年後因商業發生恐慌，貿易甚減，故數乃減少。至由法運輸至英之貨物，在一八五七年爲一一、九六五、〇〇〇鎊，一八六〇年爲一七、七七四、〇〇〇鎊，至一八六六年，則爲三七、〇一七、〇〇〇鎊。對德貿易無甚增加，在一八六二年，其數爲八·四兆鎊，六年後爲八·六兆鎊，但由德運至法國之貨物，在此六年間，竟由五·二兆鎊增至一〇·六兆鎊。法貨運至瑞士者，在一八六二年爲五·五兆鎊，六年後，增至一〇·四兆鎊。由瑞士運入法境之貨，此數年中由二·三兆增加至五·三兆鎊，對匈牙利之貿易量在一八六〇年爲一三·八兆鎊，九年後達二四·四兆鎊。

至於本國工業之進步，亦殊彰著，其尤明顯者，爲交通之進步。一八五〇年時，法國鐵道，僅有三〇一〇公里（kilometres），一八六〇年增至九四三九公里，及一八七〇年則達一七四四〇公里。煤業之發達亦速，一八五〇年至一八五四年平均每年之出產量爲五·

二兆噸，自一八六〇年至一八六四年其數增至九・八兆噸。棉之消費量亦有大拓展，自一八五七年至一八五九年每年之生棉消費量平均爲七十八兆瓩，自一八六七年至一八六九年則增至九十兆瓩。

農業方面獲利最厚者，爲釀酒業者。一八五〇年，法酒之產額爲四十五兆公石，十五年後，增至六十九兆公石。白蘭地酒之輸出額增進尤速。此外若糖麥等物，其出產額亦皆歷年增多。由此觀之，法之工商業在拿破崙第三執政之二十年中，進步極速，迨一八七〇年左右，法已成世界上重要工業國家之一，對外貿易日盛一日。工業既具堅固之基礎，農業亦蒸蒸日上。故歷年耗於戰爭者雖鉅，初不足以病其國人，此誠不能不令英德諸國驚咤者也。

第四節　普法戰爭後之法國商業政策

普法戰爭後（一八七〇年至七一年）拿破崙第三在位，第三共和國成立，而其商業政策，乃創一新局面。法國於此次戰爭，擔負至鉅，政府爲籌款起見，乃將一切稅率提高，凡糖，咖啡、茶、可可、酒及酒精等物之稅率，均加提高，致以與各國相訂之商約相衝突，遂發生多類之糾紛。

是時法國與他國所訂商業條約，均將滿期，一八七五年四月，法商務總長特招集總商會，及他種商業團體，討論對各項商約之取舍，在會議中舉問題三，即與各國所訂之商約應否蟬聯？普通關稅，應否修改？及關稅究應採用從量稅抑從價稅是也。大部人士之意見，咸謂關稅須加修改，並採用從量稅，對各國商約可以繼續，惟於最惠國一款，須加陳述，以明範圍。於是政府乃修改稅率，將從價稅取消，至所有舊稅率，並不更動，以免影響政府收入，惟對羊毛之進口稅率，則加以提高。

至於締結商約一層，法政府決計繼續進行，惟規定三項標準：即（一）外貨入境，概依普通關稅稅率征稅，惟已訂約之國，得享受較低之稅率，然其減低度不得再超過常率百分之二十四以上；（二）祇用從量稅；（三）穀類及牲畜不列於商約內。標準既定，進行遂易，爰於一八八一年與匈牙利、意大利、葡萄牙、瑞典、那威等國訂約，至一八八二年又與西班牙

及瑞士訂約

普法戰爭與法國以大不利，使其財政枯竭，百凡凋弊，政府亟於籌款，故一八八一年所頒佈之關稅，稅率至高，與法國訂約之國家，雖享有減稅之特權，但所得至微。然法之農業階級，猶以新稅制不能澈底採用保護政策爲憾，亦可謂過矣。

第五節　法意兩國之關稅戰爭

法意二國之商業關係，本不密切，惟於一八六三年，曾訂有商約，以互惠爲歸，然不久，法將其稅制修改，破壞商約上之規定，至一八七七年，意大利新稅制成立，亦不顧商約之規定，至是兩國乃各行其道，以相抗衡。

一八七七年，法意謀重訂商約，以復舊觀，兩國代表開會於羅馬，在議程中法國欲以一八八一年之稅律爲根據，進行締約，意政府不允，幾經磋商，仍無效果，彼此於對方所提出之條款，均不能承認，遷延至一八八八年二月，竟無結果而散。

自三月一日起，意大利遂決計將新定稅律，施用於法國貨物之運入意境者，其稅率較法之稅率尤高；法國乃亦決對意貨入境時除納尋常之稅率外，須另納附加稅一種，以事報復。於是意國亦另增附加稅多種，以窘法商；更規定他國之貨藉法船運入境者，須另納進口稅云。

如是互相抗拒者數月，雙方均覺悟是項辦法，徒使本國商界蒙其損失，乃由兩國外交界磋商此事，七月間，意國自動提議將普通關稅減輕百分之五十，但仍爲法國所拒，未得成事。直至一八八九年十一月，意國國會，請求政府速將關稅問題解決，於是意政府遂將稅率減輕，以利法商；而法亦於一八九二年一月，取消一切附加稅，自後至一八九九年止，二國貨物之入境者，均依普通稅率科稅。

茲將二國爭持五年中之出入口貨額列表於後，以資參考。（以一兆鎊爲單位）

年份	價值	
	自法運至意境之貨物	自意運至法境之貨物

一八八三年	一二・〇	一七・一
一八八四年	一一・三	一四・七
一八八五年	一一・五	一〇・五
一八八六年	一二・四	一二・四
一八八七年	一三・〇	一二・三
平均一八八三—七年	一三・〇	一三・四
一八八八年	六・二	七・二
一八八九年	六・七	五・三
一八九〇年	六・五	四・九
一八九一年	五・四	四・九
一八九二年	六・七	五・三

平均一八八八—一八九二年	一八九九年
六·三	六·一
五·五	六·三

此役中意大利政府宣佈出口貨中以酒一項最受損失，在法國市場中，西班牙、葡萄牙之酒商，已取意國之地位而代之；一八八七年，法自意購入之酒，共計二、七八二、○○○瓩，一八八八年減至八一七、○○○瓩，在昔意出口貨之百分之七十八運入法境，至是其數減至百分之四十五，以酒之輸出額減少尤甚。

至法國所受損失，以運入意境之絲及羊毛製造品爲鉅。一八八七年自法運至意國之羊毛製造品，共值二十兆法郎，次年減至六兆法郎，絲織物則自六十八兆法郎，減至三十四兆；棉織物亦減少五倍有奇。惟法於他處獲得相當市場，桑榆之失，收之東隅矣。

一八八五年至一八八九年，法國國會舉行選舉，保護政策派遂大形活動，以圖獲得政治地位，將其預定之計劃，加以實行。一八九○年，法又修改稅率，對於珍珠、米酒、肉等物之進口稅率，增加多多云。

第六節　歐戰以前之二重稅律

法政府因人民對其所持商業政策不甚滿意，因決計製定新稅則，改變原有之方針；此新則之內容包括最高及最低稅率，依對方之情形而定應用何種稅率。採用最高率之用意，初不爲保護起見，僅欲使法國工業與他國工業在競爭上立於同等之地位而已，此稅制於一八九二年實行。

此新則中製定七百二十一種貨物之稅率，較之當時任何國之稅則爲詳盡。並規定他國對法貨科稅低下者，法亦以最低稅率應用於其貨物；惟他洲產物而由歐洲各國運至法境及一國貨物由他國運入法境者，則於例稅外另須納附加稅；稅則以從量稅爲主，惟化學品則科從價稅云。

自此稅則實行後，各國均無違言，惟與西班牙、葡萄牙、意大利、瑞士則以稅率之高下問題，路生衝突，而尤以與瑞士之糾紛爲烈。

瑞士於一八九〇年間，曾修改其關稅，提高稅率以增加政府收入；故當法國訂定新關稅後，瑞政府即宣言不能承受，要求法國將六十二種貨物之稅率減輕。法因瑞士爲本國商業之大市場，欲允所請，然以保護政策派之反對，未得通過。瑞當局乃於一八九三年一月起，課法國貨物以普通稅率，而另加附加稅，法因亦科瑞士貨物以最高稅率，以事抵制。

此役歷期約二年有半，法瑞各多損失，爰於一八九四年會商締約，減低二十九種貨物之進口稅率，瑞士則以最惠國待法，此約以次年實施。此次二國爭持之結果，於法則酒、糖、牲畜、毛、衣等業頗受損失，而瑞士則於生絲、絲物、棉花等物之市面大受影響云。

一九〇八年時，惟葡萄牙貨物之運入法境者，仍依最高稅率科稅，他國則已悉受最低稅率之優惠矣。

在該稅則施行期內，法之經濟狀況，頗有進步，然較之美之發展，尚瞠乎其後也。

此稅律行之既久，因情境更變，其中多不適用處，亟須修改，蓋自一八九二年後，法之工業，進步極速。各種新製造品如汽車、人造絲、電汽工業、打字機、留聲機、香水等，陸續出現。需用之材料亦與前異，故舊稅率遂覺不適溢自一九〇三年後，歐洲各國是時皆改訂關稅，增損稅率，於是法國遂亦決定修正稅則。

法政府爰於一九〇八年之始，着手調查世界商業狀況，以資參考，進行修改舊有稅制，其修正方針凡三：（一）抬高最高稅率；（二）提高最低稅率；（三）加入各種新貨物以便科稅。此次修改，專以工業利益為前提，對於農產品之穀物、肉、乳、油、蛋、酒、雪茄等，其稅率一仍舊貫，至各種原料，則皆定為免稅品。是律於一九一〇年四月一日公佈實行。

茲將歐戰前四年法國對外貿易之概狀，列表如後，以資參考：（以一兆鎊為單位）

年份	進口貨之總價值		出口貨之總價值	
	總數值	製造品之總價值	總數值	製造品之總價值
一九一〇年	二八六・九	五六・六	二四九・四	一三七・八

一九一一年	三二二·六	六〇·八	二四三·一	一四〇·四
一九一二年	三二九·二	六四·六	二六八·五	一五六·七
一九一三年	三三六·九	六六·三	二七五·二	一六七·三

第七節　戰前與戰後之商業政策

歐戰發生，以法國爲戰區，其經濟狀況，遂一敗塗地，法郎之價格大跌，國外貿易，亦日即衰落。當一九一三年前，法國爲一入超國，所運入口貨物，以工業原料爲最多，食品次之，製造品又次之，出口貨則以製造品爲多，大戰起後，工人多荷戈赴敵，致工廠泰半停業，出產量驟減，而出口貨之總額，亦猝行減少。

戰時法政府深恐本國食品缺乏，及偸運出境以資敵，故禁止穀物出口，同時設法限制奢侈品之運入。奬勵各項必需品之輸入，以利軍用。

在一九一三年時，法國進口貨總額中德貨約占百分之十三。匈牙利之出品，亦占百分之六，戰後法與德兩國干戈相尋，貿易中絕，惟與英美之貿易則轉有進步。法國財政在戰前本已極枯窘，戰時擔負又鉅，故其經濟上之損失爲數至鉅，而政府財政之窘迫，法郎價格之大跌，尤屬經濟前途之難題，故戰後數年來之當局，咸亟亟以此二事爲急務，可惜以商業不振，收入無多，不克全奏膚功，故今後之法國，自當以推廣國際貿易爲要務，一方增加本國收入，以維國用，一方在世界商場中，佔一地位，以待發展，而後其金融恐慌，或可漸弭，舍此他圖，則其道窮矣。

第五章　德意志之商業政策

第一節　關稅同盟之成立

德意志之經濟界，當拿破崙全盛時代，極爲紊亂。是時德奧聯邦中之三十九小國，各有其特殊之關稅制度，稅率既高，規範益嚴，於是人民紛紛私運以期逃稅，而其事遂益劣。

一八一八年，普魯士頒佈新稅律，由財政總長波魯(Bülow)及麥孫(Maassen)起草，一切綱要由波氏擬定；而其詳則由麥氏刪訂，內容爲撤消一切內國關稅，至於對外關稅，則規定一切原料之入口，概行免稅，人工製造品則科以相當之稅率，如貨物經普魯士而至他處者，則酌收通行稅；此新稅律包含自由貿易之色彩甚濃，爲各國所罕覯者也。其時德以農業立國，其東北部爲農業區，每年輸運出口之農產品，爲數至鉅，故其人民對於國外貿易，至爲注意至於工業方面則進步甚遲，尙在幼稚時代，是以個中人對於自由貿易性質之關稅，不甚贊同，此稅則對於進口稅採用從量稅辦法，亦爲人所詬病。

此律於一九一九年一月公佈實行，然是時各小邦之獨立關稅，仍皆存在，對於此新律之實行，皆多窒礙，故各小國皆反對之，遂於一八一九年春由奈勃奴（Nebenius勃騰Baden）之長官）發表宣言，述德國經濟問題之結癥，謂德之內部之分裂，實屬經濟安全及進步之大障礙，故務須去之，其辦法爲組織一各國關稅同盟，取消一切內國關稅，而採行一致之對外商業政策，庶能發展本國之工商業云。其言譽譽動人，故各國皆爲之歆動，南部各國，遂互締商約以利貿易。一八二〇年至一八二三年間在達姆斯戴(Darmstadt)屢集會議，欲制定普通關稅與普魯士之稅制相抗，會議之結果，殊爲不佳，各小國乃翻然放棄大規模之會議，惟互訂商約，以爲互惠。一八二四年勃騰與赫斯達姆斯戴（Baden and Herse-Darmstadt）締約，一八二五年華登堡與拔伐堡（Würtlemberg and Bavaria）締約，其結果頗爲完美。

普魯士當局至是乃悟此項情形之危險，遂於一八二五年二月，與赫斯達姆斯戴訂約，而後之關稅同盟會基礎植焉。

一八二八年八月，漢奴佛(Hanover)，勃倫維克(Brunswick)，漢斯自由市（Hanse Towns)等組織中部商業聯盟，以與現有之諸同盟相抗，然未久卽行解散，而合併於普魯士聯盟之下。

普魯士國內各階級對關稅之意見，初不一致，農業階級主張自由貿易，製造業者則傾向於保護政策，惟於關稅同盟之設立，則均表贊同，遂由普魯士財政總長麥孫，及拔伐堡華登堡二邦之代表米埃其(von Mieg)會商進行，拔華等邦，陸續加入，至一八三四年一月一日，德意志關稅同盟會(The Zollverein)遂正式成立。

此同盟集無數條約之大成，加入者凡十七邦，包含二十三兆人口；誠可謂盛舉。一切商務事項，隨時由各邦代表會同討論，得全體會員之通過，方得成立。同時又制定一普通關稅，應用於不在同盟中之國家之貨物上，至各同盟國之貨物，轉輸則一律免稅。是後德之經濟政策及行動，遂漸趨一致。

該同盟既解決一切內國問題，遂轉而與他國締結商約，一切進行事務，咸由普魯士任之；先與俄奧磋商締約，未得成功，繼又與法（菲力潑時代）發生衝突。一八三五年荷蘭爲保護本國農業起見，提高穀物之進口稅率，是時德之剩餘穀物，多輸之荷蘭，至是頗受損失，遂對由荷入境之糖科以重稅，以事報復，同時更將荷蘭船艦在萊因(Rhine)河所享之特權取消；方爲此種糾紛歷時甚暫，由雙方會商通融辦法，但於糖稅一點，因德國製糖業者之反對，堅持不下。乃先將荷船問題解決，恢復其原有之特權，一八三九年續訂商約，荷蘭減輕糖米之進口稅率，德則將酒、穀物、木、石等物之稅率減低，然德又以在條約中讓步過多，遂將此約廢止。一八四一年，德與英訂約，規定航行事務多種，德國較受實惠，乃減輕穀物及糖之稅率，以爲報酬。惟此約於一八四八年旋卽廢止。

德之關稅同盟成立後，功效甚著，國中工商業，以障礙之去除，日卽發達，內部昔時所常發生之糾紛，今亦消滅，故人民及政府，對於此會，均加贊美。惟此同盟成立後，普魯士政府之收入反形減少，於是其政治家，時有違言；但此不足阻礙其進行，各小邦於一八四一年五月一日，議定繼續十二年，而各小邦之加入者乃益衆。

該同盟又與匈牙利訂定商約，德國歷年運輸貨物出入，恆取徑於匈之鐵道與港口，故德亟謀與匈聯絡，以利其商業。一八四四年，商約成立，德對於匈之製造品之進口稅率，酌予減輕；匈則允許德之貨物，由匈境輸送出入者，得利用其鐵道及水道，並對德貨科以特殊稅率。自是而後，二國航權，處於相等地位矣。綜觀德國關稅同盟之成立後，在各方面多有進步，則此事爲德國國際商業政策之大成功，非虛辭矣。

第二節　保護政策之開始

德國關稅同盟成立後之六七年，對稅率無大改動，但自一八四〇年始，政府之舉措，又漸趨向於保護政策一途，蓋其時之濟經家，倡言保護政策可使一國脫離其單純之農業時代，而入於一工農兩業合併之時期，使工商業發展，在世界市場中得占一席地。故一般八十爲其說所歆動，而要求增加稅率，首倡者爲鐵棉業中人，蓋是時德棉鐵業尙在幼稚時代，故業之者亟盼國家有以保護之也。

惟以北部人民多主張自由貿易，故稅率之更改，一時未得實現，惟逐年少加損益之，如一八四三年，將棉紗之稅率增加百分之五十，翌年將鐵塊之稅率酌加，而毛織品之稅率增加百分之三十三，而金銀器皿與皮革手套等物之稅率，則增加一倍，惟原料方面則其稅率，稍有減輕。

德之關稅改革，首受其影響者，爲奧大利，是時奧之執政者爲梅特涅(Metternich)氏，對於他國之經濟狀況，向加漠視，至是見普魯士勢力日張，漸悟其本國地位之危險，故思加入德之關稅同盟，以操縱之，顧因政策之不同，未能如願，乃思從而破壞之。一八四九年，奧政府倡大日耳曼聯盟之論，思合德奧而一之，創立一大工業國，在聯盟內則採用一共同之商業政策，以對他國。

德國審知此項提議，與其本國發展，有大不利，乃嚴詞拒絕，奧政府遂自行組織一關稅同盟，拉攏德之南方諸小國，以組成之，於是普魯士亦會合北部諸邦另組一新關稅同盟；一八五二年，普魯士內務總長宣言普魯士在同盟中，並無攫取任何政治上財政上利益之意，但為增高其地位起見，故出於此途，對於南部諸邦，則責其不應私與奧國締約，但諸邦多冷置之，普魯士不得已遂於一八五二年九月宣言解散關稅同盟。

奧見普之態度堅決，乃倡言讓步，於一八五三年，與普國訂定商約，關於入同盟一節，則留待一八六〇年再行討論，此外議定各以互惠國相待，對原料及半製成貨物之出入各不科稅，而棉織物化學品鐵及他種金屬物（機器不在此例）玻璃、農產品羊毛及絲織物等之稅率，均減少百分之五十。

奧於此約所得頗多，蓋與普訂約，去加入同盟，祇一肩之隔，乃更作進一步之企圖，以達目的，蓋普則以此約得同盟繼續存在，故對此亦覺滿意。

第三節　關稅同盟之破壞與商業修約之關係

一八六一年至一八六四年間德之關稅同盟，又生危險，其問題不止在經濟方面，即在政治方面，亦多方涉及之。

前之普奧條約規定奧之加入同盟一節，留至一八六〇年由兩國討論定奪，但奧如定欲加入，必先鞏固其財政基礎，更改其保護政策之關稅，而後同盟方面方可容納之。但奧於上述二項均未得辦到，故德仍拒絕其加入。就經濟方面言之，則德如欲獲得一消納其出產品之良好市場，其途有二：一即奧商務總長勃羅克（Brück）提議與奧聯成一大同盟，內部以自由貿易為主，對外則採用保護政策，此法如能實現，則德可在奧獲得一穩固之市場，其利至溥也。一為減低稅率，增進對西歐各國之貿易，以為其貨物之尾閭地。德之保護政策者，皆贊同第一辦法，尤以鐵業界及南部諸邦為甚，蓋彼輩固夙主與奧聯合為「大日耳曼」（Greater Germany）者也。自由貿易派則傾向第二辦法，十九世紀中葉，德國北部主張自由貿易者，屢起暴動，以反對政府之商業政策，即政府當局，亦多主張自由貿易，而普之農業階級，宣傳尤倡導不遺餘力，中等階級及商業中人亦和之，其勢遂益張。會以與法發生交涉，其事稍頓。

德法交涉，蘊釀已久，當一八三九年兩國訂約未成，法遂重稅德貨，德亦於一八四三年將法之白蘭地、手套等物之進口稅率增加，以爲抵制。其後兩國雖重有締約之說，然未得實現，一八六〇年，拿破崙第三，與英國訂定商約，改換法之舊商業政策，規定法對於若干種英貨之稅率，不得超過其物價之百分之三十，英國則將數種法貨定爲免稅品外，更將法酒之進口稅減輕。此項商約，頗引起他國之注意，德國乃亦思與法締約，其工業階級，希望尤切，以冀約成後將在法獲得一市場，以容納其產品。而法亦表示願與普締約，以謀商業之進展，遂各派代表會議，一切於一八六二年三月二十九日兩國公佈德法商約成立，通知各國，至八月乃遵約施行。一八六五年，德又與奧另訂商約，規定各以最惠國相待，而同盟亦仍繼續存在，同年更與比、英、意等國，訂定商約，嗣後德之關稅同盟，遂製定二種稅率，一爲普通稅率，應用於未訂約國，一爲應用於已訂約國之特殊稅率，其率至低。至是德之自由貿易派乃大獲勝利。

第四節 自由貿易政策之發展及其反響

普法戰爭（一八七一年）前，德之關稅同盟曾一度改組，擴充範圍，德之諸邦，除漢堡 (Hamburg) 及勃利曼 (Bremen) 外，悉已加入。戰後德意志帝國成立，政治經濟，咸集權於中央，關於關稅之法令，乃概由帝國議會製定而施行之。

德自經普奧、普法二戰後，與二國之商業關係，大有變動。在奧則其商業政策，漸具自由貿易之色彩。一八六八年，德奧彙訂商約，雙方各減輕稅率甚多，奧將各項製造品之進口稅率改輕，德則將酒鐵二物之稅率減低。對法則於一八七一年所訂和約中，規定彼此以最惠國相待。同時德又與西班牙、非律賓、瑞士、墨西哥、日本等國訂定商約。

自一八六六年以降，德之關稅同盟，恆以自由貿易政策為施政之目標，歷年廢去進口稅多種，而麻、紗、藥品、皮革、貨品等物之稅率，亦加減低。至一八七三年，各項改革，尚在進行，而德之關稅，乃成為一純粹之「財政機關」。其後四年，又廢鐵稅，須科稅之物品，至是乃益寥寥可數。後進之德意志帝國，竟成爲完全自由貿易之國家，亦異數也。

今試以鐵之稅率之更改，列表如後，藉徵德之商業政策之變遷。

鐵之稅率表

單位爲一馬克

年份＼種類	塊鐵（每百斤）	條鐵（每百斤）	鐵片（每百斤）	鍊鐵物件（每百斤）
一八三九年	〇	六—一八	九—二四	六〇—三〇〇
一八四五年	二	九—一八	一八—二四	六〇—三〇〇
一八六五年	一·五〇	五—七	七—一五	二四—六〇
一八六八年	一	五—七	七—一五	二四—六〇
一八七〇年	〇·五〇	三·五〇—五	五—七	二四—六〇
一八七三年	〇	二	二	二四—六〇
一八七七年	〇	〇	〇	二四—六〇

考德國所以採行自由貿易政策者，在政治上及經濟上自有其背景也。德西部之地主，多兼爲鉅商，皆主張自由貿易，益以俾斯麥（Bismarck）氏方欲賴自由黨以統一德意志，故對彼等之經濟政見，加以採用，所以謀聯絡而資臂助也。

但自由貿易政策實施後，將鐵稅率廢止，鐵及棉業界中人，立起反對，更聯合糖、皮革等

(Central Union of German Manufacturers)爲保護政策之大宣傳會是時德國之農業狀況更變政府又需款甚殷遂俯從民意而更改稅則至其詳情分述如下：是時德之金融界亦起恐慌蓋因自普法戰後法以六十億法郎之賠款交德德之現金過剩幣價跌落物價騰貴又以工廠發展過速生產過剩一時金融遂感週轉不靈而恐慌隨以發生後經政府之斡救歷時數月始得恢復原狀。關於農業方面情形亦未見佳蓋俄美之農產品在歐洲市場上勢力日增德之農產品非徒在國際市場失其地位卽在國內亦以外商之競爭而失敗於是一般地主皆以自由貿易政策爲失計轉而信仰保護政策督促政府以改革其政策。

業中人共同進行於一八七六年組織德國製造界中央聯合會

除農商業之危險外政府之財政狀況亦引起保護政策之採用緣是時政府支出日增收入遂虞不足俾斯麥氏乃主張於提高稅率增加收入而裕國用外更增加國內運輸運費以補不足據政府之預算苟進口稅率爲値百抽五之從價稅則每年收入已有七十兆馬克之鉅以之供政府之用綽乎有餘政府乃決意另訂新稅率以實現其理想。

改制之說出，國內之地主，鐵業界及紡織業界，羣起贊助，即農民亦抱同一之態度。顧反對者亦不乏人，如出口商深恐本國稅率增高後，他國亦將提高稅率，以爲報復，而致貿易減少。普通人民則恐保護政策重行後，使食物之價格增高，致生活艱難。但政府之態度，至爲堅決，着手進行，不遺餘力，其步驟先調查國內工商業實情，據其結果，訂定新稅律，將一切貨物，分爲四十三組，按類科以不同之從量稅，原料則多免稅，惟此新稅制，缺乏彈性，應用艱難，實爲德國商業政策之玷。

第五節　德經濟學家對於商業政策之意見

商業政策者，經濟思想及商業環境之產物也。德之商業政策，自亦不能違此例，故吾人欲知德之商業政策之淵源，可自其經濟學家之思想中窺得之。

當十九世紀之初，德之經濟學家，泰半爲亞當斯密氏之信徒，而斯密氏固以自由貿易爲商業政策之圭臬者也。因之德之經濟學家，受其影響，皆持此說，而國家之政策，亦即以之爲宗尚矣。

其取相對之態度者，爲李斯特（Friedrich List），李氏著國家經濟之制度一書，詳論兩項政策之短長，氏分經濟活動爲國家經濟與私人經濟二種，國家經濟活動，兼羅私人經濟事業，故個人於國家經濟必要時，須犧牲其一己之利益，以佐國家；至於國家之經濟政策，則須兼顧農工商三界之均平發展。然欲振興此三業，則必須賴保護政策之力，以固植其根基，迨基礎既固，不虞外商之壓迫後，始得採行自由貿易也。李氏之書，傳誦極廣，後之主張保護政策者，固皆奉其說爲圭臬也。此後又有歷史學派之經濟學家多人，暢論自由貿易與保護政策之得失，其中著者，如羅休（W. Roscher）著經濟學演講綱要（Grundriss zu Vorlesungen über die Staatswissenschaft。一八四三年出版）赫爾特勃蘭（B. Hildebrand）著國家經濟之現在與將來（Die Nationalökonomie der Gegenwart und Zukunft 一八四八年出版）克尼斯（K. Knies）著自歷史方法觀察經濟學（Die politische Ökonomie von Standpunkt der geschichtlichen Methode）等。

歷史派經濟學家以爲保護政策及自由貿易各具優點，須按一國發展之程序，而後決定採用任何政策，斷不可削足就屨，勉爲適應，而致一敗塗地也。惟其結論，則多以保護政策爲歸。

又有新歷史派經濟學家者，以休穆勒（Gustav Schmoller）爲領袖，其論商業政策，頗與舊派有所出入，惟於保護政策與自由貿易之短長，則亦持相對評定，初不以任何一種爲偏具特長也。

綜上諸派之意見，除準經典派經濟學者外，皆以爲保護政策與自由貿易各具利弊，其採用須以一國之經濟狀況之發展程序爲定，故俾斯麥爲統一德意志及發展國內之工業採用自由貿易，及後之由自由貿易制轉至保護政策者，固皆按其所處之時代環境而施行，初非孟浪從事者也。

第六節 一八八〇年至一八九四年時之德國商業政策

一八八〇年後，德國以施行新關税故，對外貿易發展極緩；至一八八三年，且形退步。自一八八〇年至一八八四年之五年中，進口貨之總價值，亦自一五二·八兆鎊減至一四九·八兆鎊，一八八四年後，進口貨量驟增，然出口貨額仍舊，故入超甚巨。

關於財政方面，則在一八七七至一八七八年間，關税收入為一〇三·七兆馬克，一八八三至一八八四年，其數增至一八九·七兆馬克，以供政軍諸費，綽乎有餘。一八八〇年後，對農產品之進口税率，提高多多，以增收入。

當新關税初行時，德商頗懼他國之報復舉動，乃施行後，寂無反響，則俾斯麥一人之力也。俾氏以其靈敏之外交手腕，與各國或訂新約，或維持原有之商業關係，務使他國不採報復辦法，以窘德商也。其時德國對於遠東漸加注意，先後與我國、日本、高麗及暹羅訂約，以發展其商務。在中歐則與羅馬尼亞、塞爾維亞訂約，羅塞均將其進口税率減低大部，以優待德貨。此外更與意大利、西班牙、希臘、瑞士等國締約，雙方以互惠為歸。至於與奧匈、比利時、瑞典、那威等國，僅繼續其「最惠國」待遇而已。

德又與俄及美進行訂約，但以俄、美歷年輸送出口之貨物，以農產品爲大宗，而德新稅率則對農產品科稅頗重，二國頗致不滿，俄又不喜與他邦訂約，以免束縛，故其進行頗感困難。且自一八七七年以降，俄之稅率甚高，美又施行麥荊來稅律，其率亦高，故德對二國亟謀有所聯絡，以減低其稅率，而利本國商人，但多未成功。

一八九一年，各國形勢大變，然俄政府因迭歲災荒，民食不足，遂禁止一切農產品之輸出；美政府擡高稅率，重徵進口貨物；歐洲各國亦多恢復保護政策，競相宣言廢約，即德國認爲最有利益之德法商約，亦由法宣言取消之，至是德國不得不採用新政策，一八九一年十二月，德與奧訂定新約，次年與意比重訂新約，一八九二年與瑞士締約，各項商約，均以互惠爲根據，彼此將稅率減低，以示優待。

德國更將關稅大加修改，所訂之新稅率，較之一八八八年者，頗有減低之處，如麥每百瓩之稅率，自五馬克減至三馬克半；大麥則由二又四分之一馬克，減至二馬克，麵粉由十馬克半減至七又四分之一馬克，豬肉則由二十馬克減至十七馬克，牲畜之稅率，亦有減低，關於製造品，則玻璃、細木工、紙、皮革品等物之稅率，多加減低，各國對德，則僅將其普通製造品之稅率減輕，故殊不足饜德商之望也。

一八九三年，德政府續與塞爾維亞，西班牙及羅馬尼亞等國訂約，進行頗爲順利。

德乃更謀與俄羅斯締結商約，一八九一年冬，俄國要求德將農產品之進口稅率減低，原料之進口稅則一律廢止，而本身則亦爲關稅上之讓步，德加以拒絕，謂俄須將關稅制度，根本改組，劃一陸地產品與海中產品之稅率，同時將原料重稅之貨物中之五分之四，改科輕稅，乃可商議，但俄亦拒絕。相持不下者凡數月，俄稍示讓步，規定最低率與最高率二種，凡以最惠國待俄之國家，依最低稅率納稅，他國則否，但德又要求將最低稅率減低及改良關稅條例，俄竟置之不覆，於是兩國競增稅率以相抗拒。俄於一八九三年八月起，凡德貨之運入俄境者，悉課以最高之稅率，德則對俄貨之入境者，於例稅外，更科以附加稅，俄乃加科德貨以值百抽五十之附加稅，於德國航船，亦課以重稅。未幾兩國均悟是項爭持之無益，乃於柏林重開會議，以解決此事。

適是時俄因他項關係亟欲解決此事，德亦亟謀與俄妥協，以阻止俄法聯盟之完成，故雙方在條約中均有明顯之讓步。德以最惠國待俄，凡俄之穀物輸入德境得納較低之稅率，麻羊毛等物則完全免稅，俄亦將一百二十種貨物之稅率減低，以為報酬。今將二國訂約前後之貿易狀況，列表如後，以資比較。（以一兆鎊為單位）

年份	自俄運至德國之貨物	自德輸至俄境之貨物
一八八九年	二五·六	八·六
一八九〇年	二五·七	九·〇
一八九一年	二八·五	七·一
一八九二年	一八·八	六·四
一八九三年	一七·三	六·七
一八九四年	二一·六	八·四

一八九五年	二七·九	一〇·二
一八九六年	三〇·九	一一·四
一八九七年	三四·七	一三·二
一八九八年	三六·一	一四·九
一八九九年	三一·二	一九·〇
一九〇〇年	三一·七	一七·一
一九〇一年	三三·五	一六·二
一九〇二年	三八·九	一六·一

德於是時，遂又有二種稅率，一爲普通者，其率較高，應用於未締約之國；一則稅率較低，專用於已締約之國。並規定在若干年內，政府不得自由更動此項稅率。

德既與俄妥約，而轉而與西班牙締約在一八九三年，德國不以最惠國待西班牙；凡西班牙貨物之入德境者，悉依普通稅率徵稅，於是西班牙亦提高稅率，以爲報復，凡德貨之入境者，於例稅外加科値百抽百之附加稅，以窘德商。至一八九九年，兩國重締商約，規定彼此以最惠國相待，其爭始息。

第七節　保護政策運動與新關稅律

十九世紀末，德之農業階級起而爲保護政策之運動，蓋自一八九一年來，德之農產物之價格，頗有跌落，其因由於德與他國締結商約，許他國之農產品入境，而本國農業又連年豐收，遂使供過於求，價格跌落，於是農業階級，乃歸咎於政府之失策，以爲其政策僅使國內之出口商獲利，而農工則受損失，故政府亟宜採用保護農業之關稅制度，以維持農業界之利益。

適是時，各項商約，均將期滿，德政府會議新方針，有人建議，除將稅率提高外，尤須以精專爲尙；所謂精專者，卽減低少數物之稅率，而不牽動他物，此議案於一九〇一年，經國會通過，於次年十一月公佈實行。

此新稅律祇施行於未與德訂約之國家，其中惟數種貨物之稅率，較之互惠稅則爲低，而已訂約各國亦不得應用也。

律內將各種農產物之稅率提高，製造品之稅率則依下列之原理而定：（一）德本土不能出產之原料免科；（二）半製造品須科稅；（三）製造品之稅率提高。

此新稅律之成立，雖由於國中農業階級之鼓吹，而經濟學家之學說，亦頗有力，此點曾於第五節中論及之。

第八節　二十世紀初葉之德國商業政策

二十世紀初葉，德與俄、奧、比、意、羅馬尼亞、瑞士所訂商約，多屆期滿，各國乃於期滿之先一年，互相通知會商續約，惟德以採用新稅率之故，進行頗感困難，幾經磋商，新約始成，其性質內容與前所締定者，頗有出入，關於關稅之管理方面，更動亦多。

首與德續約者，爲比利時，其約於一九〇四年六月訂成公佈，他國繼之，進行尙稱順利，惟與匈奧及俄則爭議較多。

所訂各約，均規定訂約諸國於相當範圍內，得享受減稅之權利。匈、奧、俄及羅馬尼亞之農產物，均得減稅入境，瑞士之果品，意大利之蔬菜亦然。至於製造品及原料，則匈奧之化學品，比利時及瑞士之絨線，皆得減稅入境，其他減少之貨物，爲數亦多，要言之，凡締約諸國，皆享有特殊稅率之優待也。

德又與英法等國，訂定商約，英國在先不以最惠國待德，凡德國貨物運至坎拿大者，均須納較高之稅，德爰亦提高稅率以爲報復，至一九一〇年二月二國訂定新約，以互惠相待。德法之商業關係，始終依照佛蘭克勿條約（Treaty of Frankfurt）辦理，彼此以最惠國相待。

西班牙與德，在一八九九年有互惠條約之訂定，但至一九〇五年，德國自動取消，迄未再續。

葡萄牙在一九〇八年曾與德訂約，二年後，修改一次。瑞典於一九〇六年與德訂約。荷蘭則早在一八五一年，已與德訂約，經久未變。丹麥、挪威二國同之。

在歐洲外，與德商業關係最深者，自推美國。德美曾於一九〇〇年訂約，美以廷雷稅律(The Dingley Tariff)第三節中所規定之輕稅，應用於德貨；（最重要者係酒）德則科美貨以最低稅率。至一九〇六年，德國關稅制度變更，此約隨之而廢；翌年復訂新約。一九〇九年，美國修改關稅制度，雙方又經妥商，規定以最惠國互待。

里比利亞 (Liberia) 阿比新尼亞 (Abyssinia) 土耳其及波斯等國，亦均與德締約，惟均無重要約定，可無贅述。

德又與埃及、高麗、暹羅、日本及我國訂定商約，雖亦規定最低率，然德國得隨時提高之，商約之眞義已失，強弱不敵之說，於此益徵其信。

第九節　歐戰對於德國之經濟影響

歐戰爆發，德與英法等國之關係頓絕，故其商約亦隨之失效。德以寡敵衆，罷於奔命，益以亞爾塞斯、羅倫之割讓，海外殖民地之喪失，戰後賠款，爲數又至鉅，其經濟狀況，遂一落千丈，直至今日，尚不能恢復舊觀，而協約國對德之關稅，又限制甚嚴，凡爾賽和約第二百八十款，規定德以最惠國待協約國，由彼等輸入之貨物，須特別優待，同時協約國爲防止德國賤售起見，對其貨物，特課特定關稅，以限制其輸入。幸此項規定於一九二五年一月十日宣告廢止，德乃恢復其關稅自主權，而謀定出新商業政策，但一時尚未決定。惟綜覽現時德之經濟狀況，則商業衰落，工業退化，政府需款又甚殷急，則保護政策之高稅率，或將爲其未來商業政策之中心，亦未可知也。

第六章 日本之商業政策

日本之對外貿易，始於十七世紀。其時與荷蘭之交往最繁至與之訂約最早者，爲美國，時則一八五八年也同年日本又與英國訂妥商約。一切規定，均於日本有損。至一八九四年後，明治親政內政外交，一易故轍，國勢日強，遂與英美更訂新約，又與德、法、俄、意等國訂約，取消治外法權，收回關稅自主權，而外人之覊絆乃始盡脫。未幾中日戰爭，與日大勝，又轉而挫敗強俄，遂一躍而爲世界強國之一。一九〇二年，英日同盟成立，其勢益盛。

日之關稅，在一八九九年前，初無定制，是年後，日當局與歐美各國，爲一度之會議，定出國定稅率（Statutory Tariff），以最惠國待遇各國，其稅率大致在值百抽八至十五之間，政府收入，亦尙可觀。

一九一一年，始將關稅大加整飭，革新內容，完全以其時之經濟情形爲標準，採行保護政策，惟以不與舊有之各國商約衝突爲限。稅率既增後，政府收入乃驟增，向之外債，至此逐漸清償。至是日又與英續訂新約，對紡織品、鋼鐵等物之進口稅減輕，大部以利英商，英則將日之特產品如絲、銅、草帽，樟腦等品之進口稅率減低。（但運至英屬地者不在其例）他國羣起與日訂約，其情形大致與英相同。日自採行保護政策後，各項工業，如紡織、造紙、化學、玻璃、皮革品、染料、鋼與鐵等，皆蒸蒸日上，進步至速，其商業範圍，亦大加擴張，南非、北美，無遠不屆，誠足自豪矣。

歐戰開始後，日商乘機活動，獲利極溥，在東亞之市場，其勢力尤厚。惟美在遠東，其商業勢力，亦日盛一日，故今後之遠東市場，恐將爲日美兩國之商戰場矣。

第七章　中國之商業政策

我國最早之國際貿易，肇於明正德十一年（西曆一五一六年）時有葡萄牙商人，開始來華貿易，但失利而返，是爲外人來華經商之濫觴，此後西班牙於明萬曆六年（一五七八年）荷蘭於萬曆四十二年（一六一四年）法於萬曆四十三年，相繼向吾國要求通商，均未成功。一五九六年，英亦思與我國通商，但亦失敗，一六三七年六月，英艦隊侵入廣東，堅求通商，始得吾國當局之允許，是爲英人來華貿易之端。惟貿易地點，僅限於澳門及廣州二處，當局者惟以隨意敷衍，不啓外釁爲事，初無一明確之對外政策也。

清道光二十二年，林則徐勵行煙禁，遂與英人開釁，吾國大敗，爰於翌年訂江寧條約，開上海、寧波、福州、廈門、廣州等五處爲商埠，協定海關稅率，以值百抽五之從價稅爲主，不得自由更改，吾國之關稅束縛，遂以是時始。及天津條約成立，重申此點，並議定每十年得修正一次，而其束縛乃益肯定。

此後各省要埠相繼開放，對外貿易，亦日盛一日，然歷年均係入超，惟恃貿易以外之收入，以補不足，然亦殆矣。（如華僑匯款、外國投資等。）

茲將民國元年起至十六年止之入超數額列表如左，以資參考，（表中以一海關兩爲單位。）

年份	進口	出口	入超總額
民國元年	四七三、〇九七、〇三一	三七〇、五二〇、四〇三	一〇二、五七六、六二八
二年	五七〇、一六二、五五七	四〇三、三〇五、五四六	一六六、八五七、〇一一
三年	五六九、二四一、三八二	三五六、二二六、六二九	二一三、〇一四、七五三
四年	四五四、四七五、七一九	四一八、八六一、一六四	三五、六一四、五五五
五年	五一五、〇四五、四〇四	四八一、七九七、三六六	三三、二四八、〇三八

六年	五四九、五一八、七七四	四六二、九三一、六三〇	八六、五七八、一四四
七年	五五四、八九三、〇八二	四八五、八八三、〇三一	六九、〇一〇、〇五一
八年	六四六、九九七、六八一	六三〇、八〇九、四一一	[illegible]、一八八、二七〇
九年	七六二、二五〇、二三〇	五四一、六三一、三〇〇	三二〇、六一八、九三〇
十年	九〇六、一二三、四三九	六〇三、二五五、五三七	三〇四、八六六、九〇二
十一年	九四五、〇四九、六五〇	六五四、八九一、九三三	二九〇、一五七、七一七
十二年	九二三、四〇二、八八七	七五三、九一七、四一六	一七〇、四八五、四七一
十三年	一、〇一八、二一〇、六七七	七七一、七八四、四六八	二四六、四二六、二〇九
十四年	九四七、八六四、九四四	七七六、三五二、九三七	一七一、五一二、〇〇七
十五年	一、一二三、二二一、二五三	八六四、二九四、七七一	二五八、九二六、四八二
十六年	一、〇一二、九三一、六二四	九一八、六一九、六六二	九四、三一一、九六二

夫入超之國，初不止吾國一國，然他國有保險航業等之贏餘，以資彌補，至我國雖亦具抵償之源，然其數太微；錳以工業方面毫無進步，外貨之輸入日增，政府又濫借外債，以病吾民，長此以往，其不殆者幾希。然欲挽救此項情形，亦非旦夕可奏功者，其第一步先當收回關稅自主權，實行新經濟政策，一方增加收入，以彌不足，一方保護本國工商業，更裁撤釐金等障礙，而使發達，再逐步進行，以固基局，然後始克有望，苟舍此而他圖，則其途窮矣。

第八章　結論

世界各國之商業政策，略如上述，其間之轉變，驟視之似極繁賾，但細爲推繹，則不外保護政策與自由貿易之迭爲消長而已。且於是二項政策之應用，亦有定律可籀，凡一切工業先進國，百業發達，基扃固護，初不畏外界之壓迫，故多採用自由貿易；至一般新興國及農業國，則以工業幼稚，非外人之敵，是以恆取徑於保護政策，以資維護；蓋各按其環境而自爲適調也。吾國積弱之餘，百凡衰落，益以稅權旁落，門戶洞闢，初無商業之可言，故東西各國，咸目爲利源，視眈眈而欲逐逐，以圖一逞，是以爲今之計，惟有採行保護政策以自厚其牖，外以阻外貨之流入，內以植工商之基礎，而後出而與各國爲商業上之周旋，則以吾國之地力人工，冠於五洲，又何患其不操勝券哉。特欲竟此功，首須收回稅權，裨自爲政，再則撤消一切內國障礙，以利發展，而後其事或可有成，是則亟所望於今後之預其事者矣。

參考書目

中國商業史　陳　燦著

關稅與國權　賈士毅著

經濟侵略下之中國　漆樹芬著

國際商業政策　周佛海譯

商業政策　馬君武譯

各種經濟雜誌

National System of Political Economy　By F. List

Sophisms of Protection　By F. Bastiat

Principles of Economics　By F. W. Taussig

Tariff History of the United States	,, ,, ,,
Free Trade, the Tariff, and Reciprocity	,, ,, ,,
Some Aspects of the Tariff Question	,, ,, ,,
The Commerce of Nations	By C. F. Bastable
History of Commerce	By C. Day
Le Commerce Exterieur et les Tarifs de Douane	By P. Annaune
Grundriss der Allgemeinen Volkswirtschaftslehre	By G. Schmoller

敬啟

『民國專題史』叢書，乃民國時期出版的著名學者、專家在某一專題領域的學術成果。所收圖書絶大部分著作權已進入公有領域，但仍有極少圖書著作權還在保護期內，需按相關要求支付著作權人或繼承人報酬。因未能全部聯系到相關著作權人，請見到此説明者及時與河南人民出版社聯系。

聯系人 楊光

聯系電話 0371-65788063